Gerhard Henschel
Wenzel Storch

Das Ei des Kolumbus

Römisch-katholische
Fotoromane

Erstabdrucke

Rom, offene Stadt. Titanic 12/2015
Hinterzarten, mon amour. konkret 5/2016
… denn sie wissen nicht, was sie tun. konkret 7/2016
Take the Money and Run. Titanic 9/2019
Panik am roten Fluß. Titanic 12/2020

Die anderen Fotoromane sind Erstveröffentlichungen.

Impressum

Bibliografische Information der Deutschen Bibliothek:
Die Deutsche Bibliothek verzeichnet diese Publikation
in der Nationalbibliografie; detaillierte bibliografische Daten
sind im Internet über https://portal.dnb.de/ abrufbar.

ISBN 978-3-927795-92-1

Gestaltung & Satz: NIKI·BONG
Druck: Thiele & Schwarz | Kassel

Inhalt

Rom, offene Stadt 5

Hinterzarten, mon amour 11

… denn sie wissen nicht, was sie tun 17

Die Unschuldigen mit den blutigen Händen 23

Die Insel des Pfarrers Moreau 29

Der letzte Tango von Paderborn 33

Take the Money and Run 39

Panik am roten Fluß 45

Das Ei des Kolumbus 51

Opferstock Reloaded 83

»Der Stoff jauchzt auf« 93

Eine Pilgerreise in die wunderbare Welt der katholischen Aufklärungs- und Anstandsliteratur nebst einem Streifzug durch die kirchliche Heftchenkultur 1948–1985

Kraft in den Teller 123

Zur Entstehungsgeschichte dieses Buches

Rom, offene Stadt

Kirche in der Kritik, Papst in der Kritik – die katholische Petersilie ist gründlich verhagelt. Wie soll es weitergehen? Hilfreich wäre jetzt vielleicht ein Blick in die Archive. Denn in früheren Jahren hat sich die Kurie noch zu helfen gewußt …

Wie wär's mit dem? Ist der entbehr-lich?
Dieser Goldjunge? Der ist mein bestes Pferd im Stall! Aber wenn's sein muß ...
Deshalb muß jede Pfarrei einen sportlichen Kandidaten opfern. Von Eckernförde, wo das Knabenregister geprüft wird …

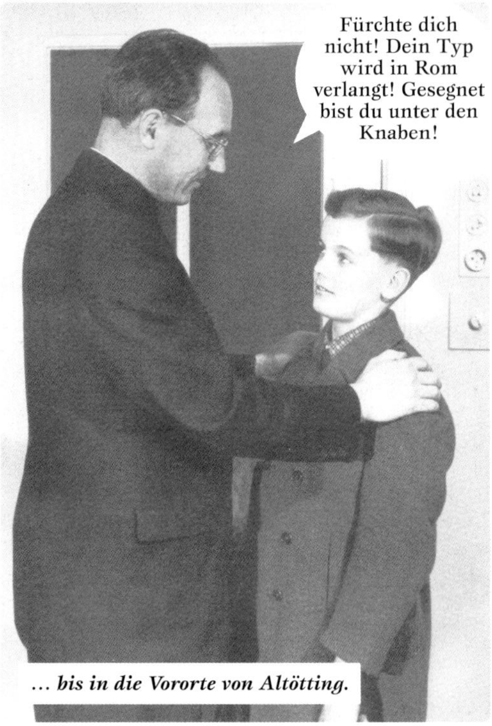
Fürchte dich nicht! Dein Typ wird in Rom verlangt! Gesegnet bist du unter den Knaben!
… bis in die Vororte von Altötting.

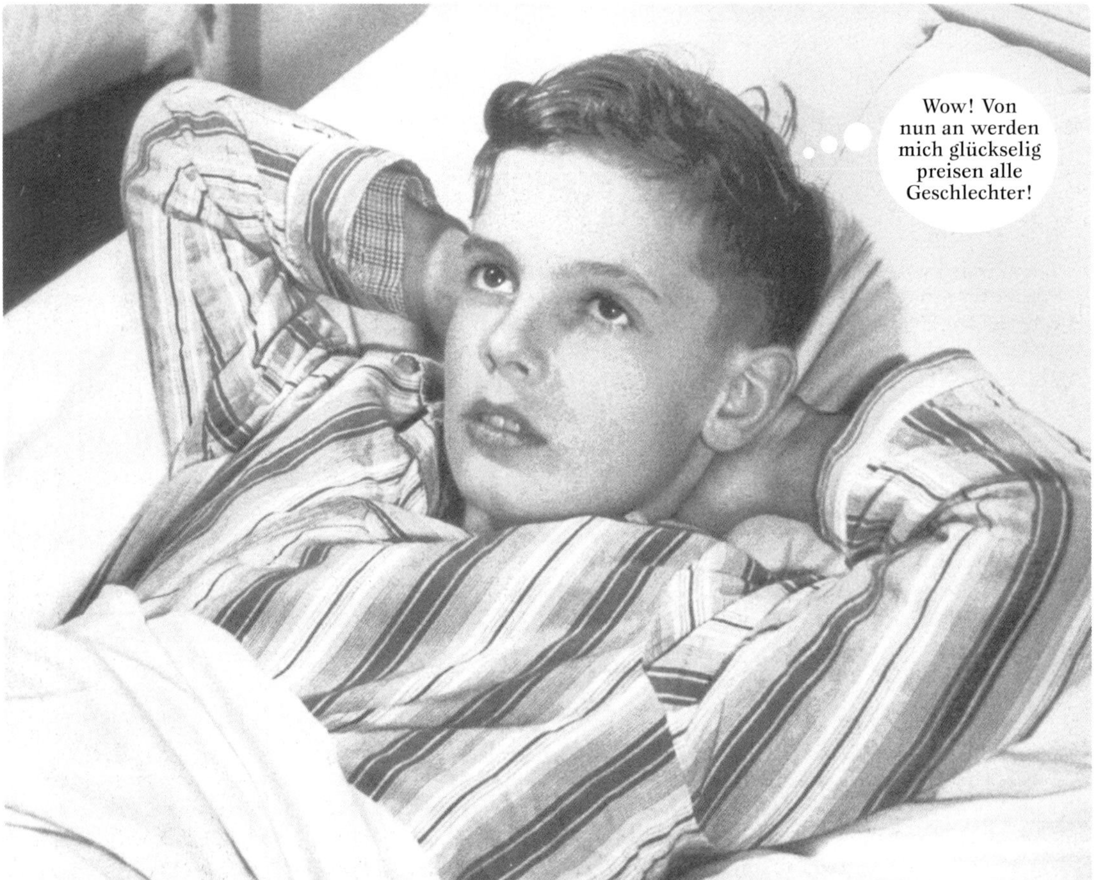
Wow! Von nun an werden mich glückselig preisen alle Geschlechter!

PINGELING, PINGELING!
Die Sache wird an die große Glocke gehängt …
Bitte, lieber Gott …
… mach, daß wir alle …
… nach Rom dürfen!
… und spricht sich in Knabenkreisen wie ein Lauffeuer herum.
Ich hab gehört, im Vatikan steigt 'ne Party …
Stimmt. Berücksichtigt werden aber nur Bewerbungen mit Ganzkörper-foto!
Die Telefone im Generalvika-riat stehen nicht mehr still.
Da ist Rom, ihr PoCs! Zieht euch was Anständi-ges an! In einer Stunde geht der Flieger!
Auch in der Diaspora herrscht Abgabepflicht.
Rom! Ich freu mich schon! Da kann ich mich endlich wieder nackig machen!

Hoffentlich erkennt mich keiner ...
Noch zwei, und das Dutzend ist voll! Ich seh mich schon als Klosterfrau des Jahres!
In den glaubensschwachen Gebieten ködern Ordensschwestern ihre gutgläubigen Opfer mit Zuckerwatte und Karussellfreifahrten.
Täglich sind ganze Schiffsladungen sonnenhungriger Knaben aus aller Herren Länder zum Hafen von Castel Gandolfo, der päpstlichen Sommerresidenz, unterwegs ...
Das Schiff geht still im Triebe, es trägt ein' teure Last – das Segel ist die Liebe, der Heilig' Geist der Mast!
Zeigt euch, Bürschlein! Römische Nächte sind lang!
Um den Nachschub zu sichern, grasen Feldjäger das platte Land ab.
Du willst es doch auch! Laß jucken, Bambi!
In den verwaisten Kirchspielen müssen sich die Geistlichen umorientieren.
Die Nacht ist nicht allein zum Schlafen da ...
Oink!
Außer Wellensittichen und Kreuzottern wird alles gern genommen.
Kurz vor Beginn der Sause melden sich zwei Trittbrettfahrer.
Wir sind einfache Päderasten. Dürfen wir mitmachen?
Das könnte euch so passen, ihr Ferkel! Ihr habt wohl zu heiß gebadet!

Alles läuft wie am Schnürchen. Good Vibrations, Kraft durch Freude, Action, Fun! Die Mauern beben, selbst die Schweizergarde kommt auf ihre Kosten, und um sechs Uhr morgens werden manche Schaulustigen von den Genußwurzelfontänen aus der Vatikanstadt bis nach Rüsselsheim gespült.

Hinterzarten, mon amour

Es ist jedes Jahr das gleiche: Wenn die Krokusse lachen und die Maikätzchen blühen, verspüren die Knaben im Erzbistum Freiburg Frühlingsgefühle. Vor allem in den Gemeinden Hinterzarten, Wiesloch und Freudenberg steigen die Säfte …

So mancher junge Dachs kommt auf verwegene Ideen.

Auf Schritt und Tritt lümmeln halbe Portionen in knackigen Sepplhosen und suchen Kontakt.

Grüezi mitanand! Die Saison ist eröffnet!
Rüstige und kregle Buben säumen die Wallfahrtswege.

Ein verlängerter Rücken kann auch entzücken ...
Auch wer keine Lederhose sein eigen nennt, zeigt sich freimütig von seiner Schokoladenseite.

Ihr alten und hochweisen Leut ...
... fallera ...
... ihr denkt wohl, wir wärn nicht gescheit, fallera ...
Rudelweise rütteln halbstarke Bengel am Keuschheitsgelübde ...

Wir sind hinausgegangen ...
... den Sonnenschein zu fangen ...
... kommt mit und versucht es auch selbst einmal!
... und lassen den lieben Gott einen guten Mann sein.

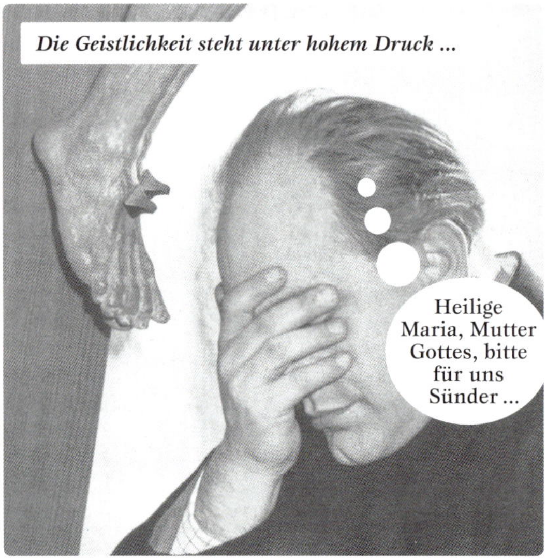
Die Geistlichkeit steht unter hohem Druck ...
Heilige Maria, Mutter Gottes, bitte für uns Sünder ...

... und sucht vergeblich Zuflucht im Gebet.
Gesäße, Gesäße, Gesäße! Lieber Gott, mir steht das alles bald bis hier!

Um die Lage zu entschärfen, brauchen wir ein generationenübergreifendes Konzil in Hinterzarten ... vom kleinsten Knirps bis zum Kaplan!
Klingt nach einer befriedigenden Lösung.
Der Freiburger Vorstand des CVJM bildet einen Krisenstab.
Wer mitwill, muß schön sauber sein. Zeigt mal eure Wichsgriffel her!
Der Plan nimmt Formen an.
Tja ... und wer soll das Ganze bezahlen?
Wir Kinder könnten durchaus unsere Sparschweine schlachten ...
Der Sekretär des Bischofs ist interessiert, aber skeptisch.
Und so ...
Schon gehört, was unsere Kurzen jetzt wieder ausgeheckt haben?
Sie meinen dieses Konzil? Aber sicher doch. Da bin ich der Stadionsprecher!
Die Sache ist geritzt. Alles steht in den Startlöchern für den Run zum großen Backen-Festival, wo Alt und Jung auf engstem Raum ein ehrliches Miteinander erproben wollen.
Auf die Plätze ...
... fertig ...
... los!

Viele Bürschchen gehen vor Freude die Bäume hoch.
5
1955
MAI · VERLAGSORT DÜSSELDORF
Der Weizen wächset mit Gewalt, darüber jauchzet Jung und Alt ...
Voran

Kreiz-
sackl-
zement!
Wastl Kuttenbrunzer, dem Erfinder der Lederhose, sind diese Vorgänge höchst peinlich.

Auf Schusters Rappen nahen auch überzeugte Lederboys aus der weniger freizügigen Diözese Rottenburg-Stuttgart.
Da ist die Bistumsgrenze! Wenn wir drüben sind, können wir unsere Tarnung ablegen ...
... und Kirchenasyl beantragen.
Ihr sagt es, Männer!

Selbst aus Australien reisen resche Wandervögel an.
Hinterzarten! Reich der Freiheit! Jetzt hol ich meine Krachlederne raus!

Sah ein Mönch ein Knäblein stehn, Knäblein auf der Heiden ...
... war so jung und morgenschön, lief er schnell, es nah zu sehn ...
Eine Ministrantenkavallerie aus Tauberbischofsheim dient als Vorhut einer Freundschaftsdelegation ...

Mönchlein sprach: Ich steche dich ... daß du ewig denkst an mich ... Knäblein auf der Heiden.
... die den Konzilsteilnehmern Reitpeitschen, Riementops und Tempo-Taschentücher überbringen möchte.

Drei Tage währt das Hinterzartener Backen-Festival – ein Jungbrunnen, der hält, was er verspricht! Der Meßwein kreist, die Schwarte kracht, und lange schallt's noch durch die Nacht: »Trulla, trulla, trullala …«

… denn sie wissen nicht, was sie tun

Es gärt und brodelt in der Meßdienerszene. Alte Zöpfe sollen abgeschnitten und verkrustete Strukturen aufgebrochen werden – doch das paßt nicht jedem Ministranten, der an liebgewonnenen Traditionen und eingefahrenen Verhaltensmustern hängt …

In Tripstrill, einer kleinen Gemeinde in der norddeutschen Diaspora, wird der erste weibliche Meßdiener gekürt: Katinka Eierstock, ein süßer Fratz von 13 Jahren.

Sofort regt sich energischer Widerstand, der selbst vor der Muttergottes nicht haltmacht.

Gesagt, getan: In Lourdes reißen Meßdienerhooligans die goldene Marienstatue aus der Verankerung.

Die Gewalt eskaliert. Eine Krawallfahrt zur Freudenreichen Mutter von Köln-Stammheim endet in einem Meer aus Blut und Tränen. Zweitausend junge Hüpfer aus sozialen Brennpunkten lecken sich ihre Wunden.

Verantwortungslose Hardliner gießen dann auch noch Öl ins Feuer.
Nur wer sich wehrt, lebt nicht verkehrt! Bringt mir den Kopf von Katinka Eierstock!
Der Herr hat's gegeben, der Herr hat's genommen – gelobt sei der Name des Herrn ...
Burn, baby, burn!
Katinka Eierstock wird rasch geschnappt und zum Tod auf dem Scheiterhaufen verurteilt. Ein besonders konservativer Chorknabe darf das Feuer entfachen.
Kritische Beobachter sind bei Katinkas Verbrennung nicht gern gesehen.
Kuckt nicht so kariert! Sonst gibt's was auf die Zwölf!
Nörgelfritzen, die nicht mitziehen wollen, werden zur Rede gestellt.
Friß Scheiße, du Frauen versteher
Und? Genick gebrochen?
Jau! Und beide Beine amputiert!
Die Vertreter der harten Linie prahlen mit ihren Blessuren ...
... und servieren zum Abendmahl das Blut der Märtyrer, die im Kampf ihr Leben lassen mußten.
Pfui Spinne!

Der neue Meßwein ist nicht jedermanns Geschmack.
Das könnt ihr selber saufen.
So? Dann folgen Sie uns bitte unauffällig.
Der Delinquent wird zum Höllenschlund eskortiert.
Vater, vergib ihnen, denn sie wissen nicht, was sie tun ... diese verdammten Lausebengel!
Ein Seelsorger spricht der hinterbliebenen Mutter sein Beileid aus.
Reißen Sie sich gefälligst am Riemen!
Gib ihm Saures!
Beiß ihm das Ohr ab!
Ächz!
Es gibt Augenblicke, in denen eine Rose wichtiger ist als ein Stück Brot.
Die Gewaltspirale dreht sich munter weiter ...
... und wird schließlich sogar zum Titelthema der vielgelesenen Ministrantenillustrierten Leuchtfeuer.
Leuchtfeuer
BRIEFKASTEN
Plötzlich wollen alle Meßdiener in die Zeitung und sich mit ihren Delikten brüsten ...

Ganz schön stark, wie die den Klerus aufmischen …
William Tex
Die Revolverblätter greifen das Thema nur allzu gern auf. Selbst evangelische Rohlinge fühlen sich angesprochen.

Potzdonner! Gewalt gegen Sachen!
Die lassen ja keinen Stein auf dem anderen!
Und die katholischen Fachmagazine ziehen voll mit.

Das gibt's doch nicht! Zwei neue Meßdienerinnen in Tripstrill?!
Die machen wir lang!
In deren Haut möcht' ich nicht stecken …

Geil! Gedärme!
Über den ganzen Domplatz verstreut! Sieht schocke aus!
… wurden die beiden Tripstriller Flittchen in einem Eselskarren durch die Stadt gezogen und dem gerechten Volkszorn preisgegeben. Am Pranger verging ihnen dann ihr freches Lachen für immer …

Um die entfesselte Gewalt in geordnete Bahnen zu lenken, erteilt die Paderborner Dekanatsverwaltung dem neubestallten Scharfrichter Freddy Kellermeister die Lizenz zum Pfählen überführter Weibspersonen.
Mach dir nicht ins Hemd, du kleine Schlunze! Freu dich lieber, daß ich dich erlöse!

Die hat ihr Fett weg, die Alte!
Eigentlic schade u die schön Kerze …
… heizte unser routinierter Scherge diesem ehrvergessenen Fräulein tüchtig »ein« …

Nicht mehr lange, und die wollen uns selbst ans Leder ...
Divide et impera! Am besten wär's, sie würden sich gegenseitig zerfleischen!
Allmählich droht die Welle der Gewalt den Kirchenoberen über den Kopf zu wachsen.
Es ist ein Schnitter, heißt der Tod, hat Gewalt vom großen Gott ...
Die Saat des Bösen geht auf: Kurz darauf liegen Tausende von Meßdienern unter der Erde.
Eine Million gefälschte Unterschriften – damit kommen wir bestimmt ins Guinness-Buch!
Kampfhungrige Ministranten überreichen dem Papst eine Petition: Sie erbitten seine Schirmherrschaft für eine zünftige Rauferei auf dem Petersplatz.
Ave Papa! Morituri te salutant!
Lasset die Kindlein zu mir kommen ...
Der Pontifex läßt sich nicht lumpen und empfängt die Heranwachsenden zu Weltjugendspielen der etwas anderen Art ...
Es geht sofort heftig zur Sache ...
WHAMM!
ZONG!
NASE RUMDREH!
ZITTER!
BATSCH!
LEBEN AUSHAUCH!
... bis von den Kombattanten praktisch nichts mehr übrig ist.

... und der Teufelskreis schließt sich sehr schön in den Farbtönen Rot, Weiß und Gelb. Mehr kann man nun wirklich nicht verlangen!

Die Unschuldigen mit den blutigen Händen

Was könnte feiner sein als ein christliches Zeltlager mit Nestwärme, Brüderlichkeit und kernigen Liedern am Lagerfeuer?

Die Deutsche Pfadfinderschaft Sankt Georg stellt den unternehmungslustigen jungen Leuten eine Million Fahrräder zur Verfügung.
Und welches ist jetzt meins?

JULI
Am Scheidewege
7
1953
Selbst hinter den sieben Bergen bricht das Reisefieber aus.
Ich fahr nur mit Rück-licht und Büsten-halter. Das hat sich bewährt.
Auch transsexuelle Pedal-ritter wollen mitkommen.
Ich bin für glasklare Geschlechter-ichotomie. Diesen queeren Mother-fuckern säg ich das Ritzel an!
Sorgfältig werden Bremsbak-ken und Sattelhöhe justiert.
Na, Schwuli-bert? Schon ausgeschie-den?
Bereits nach drei Kilometern ...
Menno! Das war Sabotage!
... sind nur noch straighte Buben im Rennen.
Die auf der Strecke ge-bliebene Arschpiraten-fraktion sucht Trost im Selbstmitleid ...
Und ich setz mich auf mein achtel ♪ Lorbeer-♪ blatt ...
Wer sein Fahrrad liebt, der schiebt! Tschüssikow-ski, ihr Leck-schwestern!
... und braucht für den Spott nicht zu sorgen.

Jetzt ziehen wir hier unser Ding durch, Leute! Laßt uns was Kindgerechtes spielen!
Dear Homo ludens, won't you come out to play?
Als die Zeltstadt auf den Briloner Höhen errichtet ist, beginnt der gesellige Teil.
Tolles Spiel. Ich glaube, ich muß kotzen.
Bumm, bumm, bumm, der Plumpsack geht um ...
Sport, Spiel, Spannung!
Anschließend wird zünftig gefüßelt ...
MIEF, MIEF ...
... und musiziert.
Hörst du nicht die Glocken? Hörst du nicht die Glocken? Ding, dang, dong ... ding, dang, dong ...
O Herr, schmeiß Hirn vom Himmel!
Es werden auch pfundige Mutproben veranstaltet.
Iiieek!
Jetzt hat er noch drei Rüsselkäfer im Mund. Wenn das Ernst Jünger wüßte!
So viel Abwechslung macht hungrig. Es gibt gebratenen Marder am Spieß.
Mjamm, jamm ...
Mes compliments au chef!
Nicht schlecht, Herr Specht!

Ich fürchte, da war LSD drin ...
Was ist los? Flotter Heinrich oder was?
I was feeling kinda seasick, but the crowd called out for more ...
Hinterher ist fast allen etwas blümerant ...

... und sie kommen auf dumme Gedanken.
I am the eggman, they are the eggmen, I am the walrus, goo goo g'joob ...

God said to Abraham, »Kill me a son ...«
In der Geisterstunde amüsiert man sich mit Spukgeschichten ...

Klasse Sache. Aber demnächst muß ich mal pullern ...
... und Indianerscherzen.

Nahrungskette mal andersrum. Why not?
Am Abreisetag bleiben einige Opfer zurück, die der Waldgeist sich holen kann.

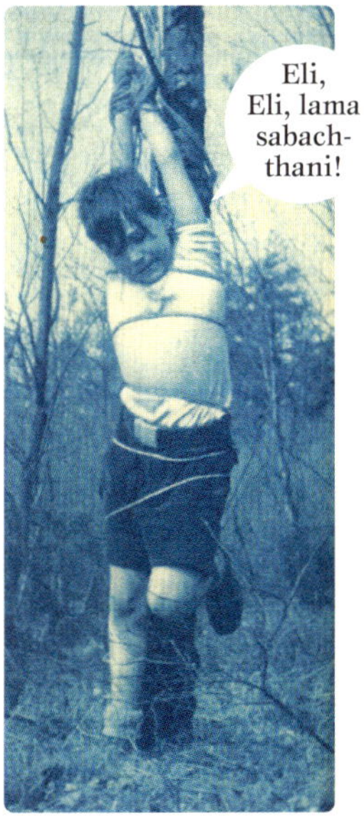
Eli, Eli, lama sabachthani!

Ich rieche, rieche Menschenfleisch. Nur leider eingenäßt ...

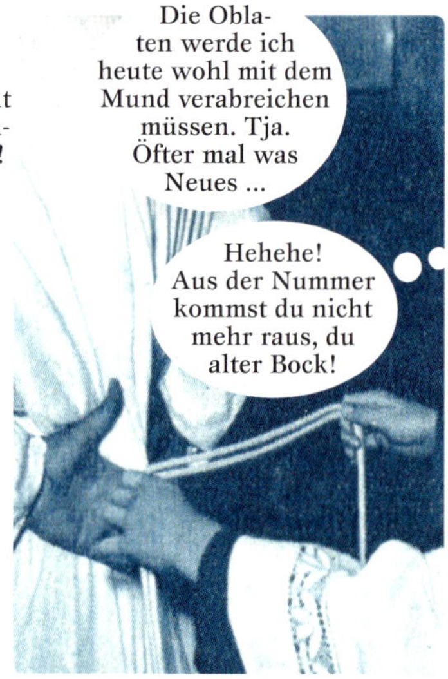

Und noch heute wird die Erinnerung an das große Priestersterben gepflegt.

Die Insel des Pfarrers Moreau

Ein großer Tag in der Kirchengeschichte: Erstmals wird der Privatjet von Johannes Paul II. zur Besichtigung freigegeben.

Da vorläufig kein Land in Sicht ist, vertreiben die Überlebenden sich die Zeit mit Denksportaufgaben.
Ein Silberarbeiter hat 12lötiges und 16lötiges Silber für einen Altarleuchter. Wieviel Gramm muß er von jeder Sorte zusammenschmelzen, um 1600 g 15lötiges zu erhalten?
Die Rettung naht in Gestalt einer einsamen Insel.
Sieht einladend aus! Anmutige Höhenzüge, reiche Bodenschätze, intaktes Ökosystem – perfekt zum Chillen!
Die Fauna reagiert verschnupft.
Ach du grüne Neune! Menschen! Tja – so laßt uns denn ein Apfelbäumchen pflanzen ...
In Windeseile schwimmt die ganze Rasselbande an Land.
Kuck mal da! Der Hamster! Wie goldig!
Dem schnitz ich ein Laufrad!
Leider hat einer der Buben seine Kontaktlinsen verloren.
Helft mir doch mal suchen!
Ich kann mich beherrschen.
Zum Glück werden am Abend haufenweise Feuersteine angeschwemmt.
Wohltätig ist des Feuers Macht, wenn sie der Mensch bezähmt, bewacht ...
Das flackert lustig, knistert laut, grad wie Ihr's auf dem Bilde schaut.

Tags darauf erkundet die fröhliche Schar das unberührte Eiland.
Wo die blauen Gipfel ragen, lockt so mancher steile Pfad …
Salpeter, Tuffstein, Zinn …
Die Insel ist Millionen wert.
Ich hab's – die verticken wir an die Japsen!
Ungehört verhallen drei traurige Unkenrufe.
Sie wollen der Erde die Haut abziehen …
Diese Schweine! Und als nächstes kommt zweifellos Fracking!
Quack quack! Hier ist uns'res Bleibens nicht länger …
Als die Flut einen Satz Tafelsilber an Land spült …
Fehlt bloß noch 'n Käsehobel!
… merken die Jungs erst, wie ihnen der Magen knurrt.
Vorsicht, heiß und fettig!
Gulp – mein erstes Wasserfrosch-schenkel-omelett!
Nach dem Essen gönnen die jungen Insulaner sich ein munteres Duschbad.
Immer spielt ihr und scherzt? ihr müßt! o Freunde! mir geht dies In die Seele, denn dies müssen Ver-zweifelte nur.
Was den Knaben fehlt, ist eine Vaterfigur.

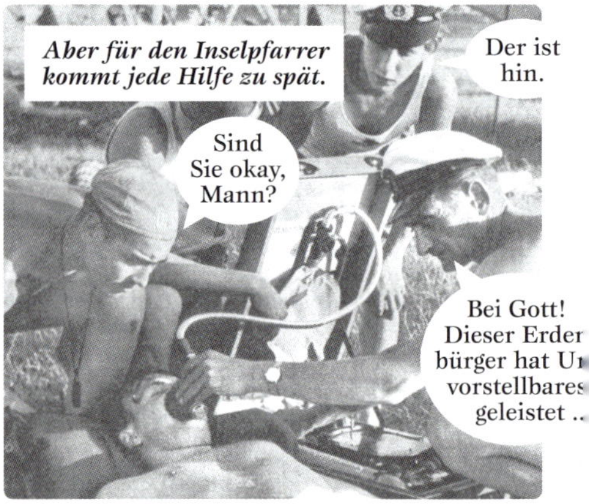

Mit großem Brimborium wird der Märtyrer auf dem Moreau-Atoll beigesetzt und umgehend heiliggesprochen. Ende gut, alles gut!

Der letzte Tango von Paderborn

In der Missionsstation von Lambarene will ein Laienpriester den Kindern das Beten beibringen und heizt damit ungewollt den Nord-Süd-Konflikt an ...

Der Einsatz von Klebstoff beim Gebetsunterricht ruft wachsenden Unmut hervor.

Im Handumdrehen gelangen Tausende von Osterkerzen in Umlauf, denen der Medizinmann narkotisierendes Schlangenhodengift injiziert hat.

Flamme empor!
Das Verhängnis nimmt seinen Lauf.
Knallt ganz schön rein, das neue Wachs.
Break on through to the other side ...
Die verseuchten Kerzen erfreuen sich großer Beliebtheit ...
... und erschüttern das Christentum in seinen Grundfesten.
INRI
Meine Oma hat 'nen Bandwurm, der gibt Pfötchen ...
... gibt Pfötchen, gibt Pfötchen ...
Der Funke springt über und verpestet ganz Europa.
♪Tridi hejo di hejo di hedi hedio tridio ...
... hejo di hejo di hedio tridio!♪
Schon bald illuminiert der Alb des Perversen alle Wohnstätten des weißen Abschaums und verzerrt seine Gottebenbildlichkeit ins Fratzenhafte.

Überall lauert das Unheil ...
Gefährlich ist's, den Leu zu wecken ...

... verderblich ist des Tigers Zahn ...

... jedoch der schrecklichste der Schrecken ...

... das ist der Mensch in seinem Wahn.
DER
Jungführer
II/55

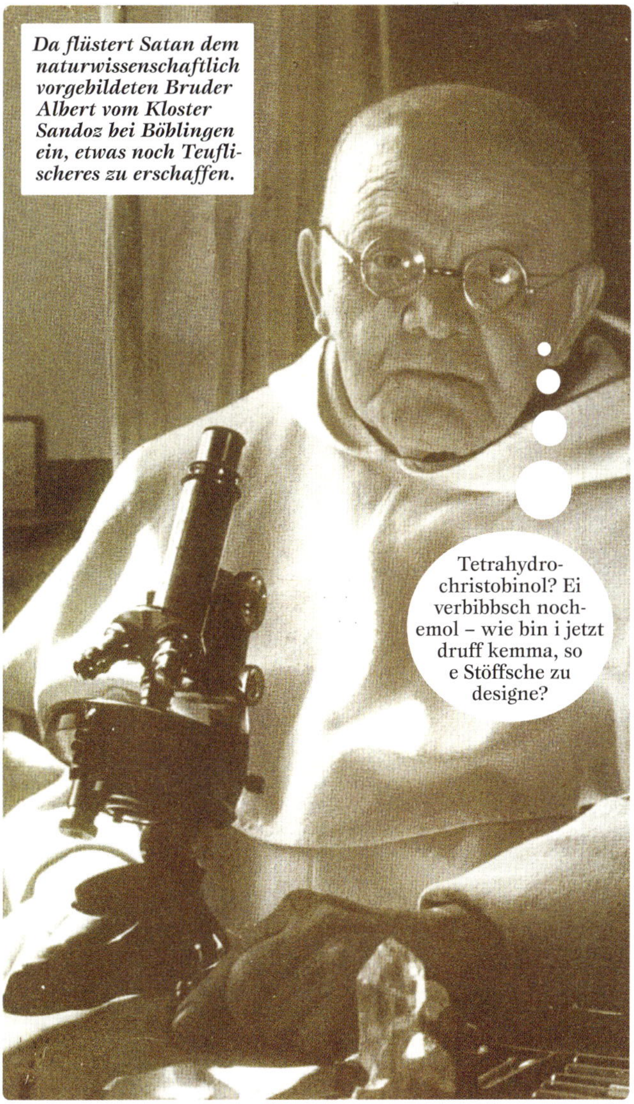
Da flüstert Satan dem naturwissenschaftlich vorgebildeten Bruder Albert vom Kloster Sandoz bei Böblingen ein, etwas noch Teuflischeres zu erschaffen.
Tetrahydrochristobinol? Ei verbibbsch nochemol – wie bin i jetzt druff kemma, so e Stöffsche zu designe?

So wird das Lamm Gottes über Nacht zum Star der Drogenszene, indem es zu Tetrahydrochristobinol zermahlen wird.
Groovy, man, groovy!

Rickeracke! Rickeracke! Geht die Mühle mit Geknacke.

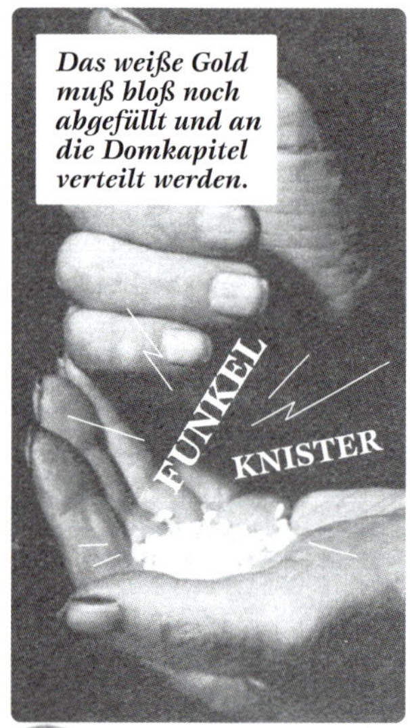
Das weiße Gold muß bloß noch abgefüllt und an die Domkapitel verteilt werden.
FUNKEL
KNISTER

Nicht dlängeln! Jedel kommt mal dlan!
Das ist das wahre Opium des Volkes ...
Snief!
Die Bestände sind so reichlich, daß alle Gläubigen zur Nasenkommunion schreiten dürfen.

Komisch, ich hab einen sitzen und gleichzeitig einen stehen ...
Nimm ruhig noch 'ne Nase, Alter. Man lebt nur einmal!
Binnen kurzem gehören Ringe mit Lammfüllung zur Grundausrüstung jedes modebewußten Prälaten.

Als nächstes entwickelt Bruder Albert eine Dröhnung namens Liquid Oblate …

Schlotz!
… die sofort weggeht wie warme Semmeln.

Auf einmal füllen sich die Gotteshäuser mit erlebnishungrigen Minderjährigen, die sich von den Nebenwirkungen der neuen Substanzen nicht abschrecken lassen.
Gelegentlich treten Sodbrennen, Übelkeit, Erbrechen, Durchfall und Entzündungen der Mundschleimheit auf, aber das Zeug ist besser als Sex!

ZUM HEISSEN BEAT EIN KÜHLER KNÜLLER:
Yeah, Yeah, Yeah!
YEAH YEAH
Party, Party, Party! Sogar in Paderborn. Doch es ist ein Tanz am Abgrund der Selbstvergötzung …
Langnese
EISKREM

… und dann zeigt der Vollrausch sein wahres Gesicht.
Hasch mich, ich bin der Frühling!

Leck misch in de Täsch. Isch kann niet mieh!
Und wem soll ich jetzt beichten, daß ich mit Darth Vader geschlafen habe?
Die verkaterte Geistlichkeit läßt die Amtsgeschäfte schleifen.

♪ Der Globus quietscht und eiert, der Rost sitzt überall ...
... bald ist er ausgeleiert, der alte Erdenball! ♪
Unterdessen werden immer wüstere Orgien gefeiert ...
Seid artig und ich zeige euch heute meine Feige.
Hat auch Christus so geschmeckt ...
... fragt die Nonne, wenn sie leckt ...
Schrammel
.... und selbst Sprechopern des seligen Ernst Jandl aufgeführt.
Unter Leitung von Pfarrer Sommerauer versuchen evangelische Spielverderber, der enthemmten Catholica den Marsch zu blasen.
Pööt!
Doch im Vatikan ist man längst jenseits von Gut und Böse.
Schmauch
Ein Jäger aus Kurpfalz hat seine Frau am Arsch geleckt, jetzt riecht er aus dem Hals ...
Mer losse d'r Dom en Kölle!
Erleichtert fällt ganz Afrika vom Glauben ab ...
... und wendet sich den angenehmen Dingen des Lebens zu.
Das Licht geht aus, das Mädchen kichert ...
... hoffentlich Allianz versichert.
Ende

Take the Money and Run

Rezession in Deutschland. Lebensmittelrationierung. Inflation. Viele Familien nagen am Hungertuch.

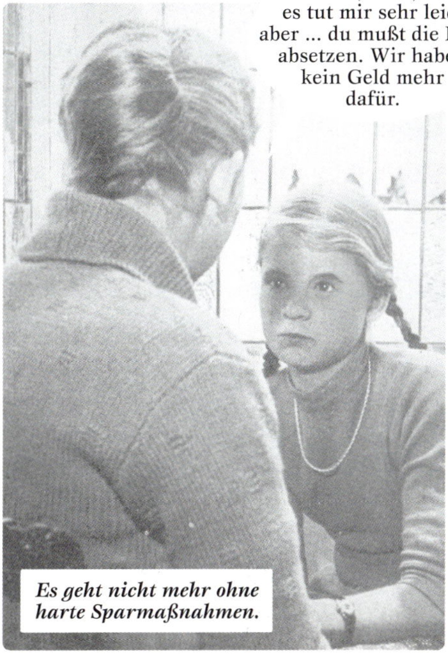

Deutschlands Jugend sinnt auf Abhilfe.
Ich hab jetzt sogar meine drei Zinnsoldaten versetzen müssen!
Vielleicht sollten wir uns an die Caritas wenden.
Ich glaube, ich versuch's mal bei Misereor …
Und so …
Na, mien Jung? Wo brennt's denn?
Überall, Monsignore!
Dann komm mal mit! Wir unternehmen einen kleinen Ausflug.
SCV 365
Zwei Tage später.
Und wo sind wir hier?
Beim Freund aller Kinder. Man erwartet dich bereits …
Moin, Moin!
Das ist der Pontifex! Der wird dir helfen.
Hammer!
Lasset die Kindlein und wehret ihnen nicht …
Küß die Hand, gnä' Papst.

Aus Rom bringt der aufopferungsvolle Junge einen Haufen Schotter mit, der seiner ganzen Familie zugute kommt.
Jetzt fehlt mir bloß noch ein neues Mieder-kostüm …

Triumph
ideal
Das ist ja wie bei Adolf!
So macht das Leben wieder Spaß.

Andere Jungen folgen dem Beispiel und ziehen dem Klerus das Geld aus der Tasche.
Wollen Sie nicht noch einen drauf-legen?
Na gut, du kleiner Racker …

Plötzlich kann die Jugend vor Geld kaum noch laufen. Sie legt sich protzige Statussymbole zu.
Bahn frei, Kartoffelbrei!

Damit der Geldfluß nicht versiegt, stehen die Kandidaten Schlange.
Bist du denn auch schon minder-jährig?
Geht's da bald mal weiter?
Und mich will wieder keiner haben …

Und da rede noch einer von der Service-wüste Deutsch-land!
Es ist die klassische Win-win-Situation.

Mit dem Reichtum geht eine grenzenlose Verrohung einher. Selbst im Unterricht schmökern die Kinder in Schundheften und Kontaktmagazinen.
Wie heißt der König von Wesel? Ansage mir frisch!
Du trägst gern Frottee-Unterhosen? Einsamer Prälat, markante Optik (vollfigürlich), finanzstark, seit kurzem wieder Single, sucht einfühlsamen Quintaner zwecks Freizeitgestaltung. Laß mich dein klitzekleines Geheimnis sein …
Ja, was haben wir denn hier, du Schlingel? Ein Bilderheftchen? Na warte, das wird drastische Konsequenzen haben!
Red' deutsch, du alte Napfsülze!
Bimmel!
Ring, ring, ring …
Die Telefone laufen heiß – vom Direx bis zu den Upper Ten der politischen Klasse.
15 21^{50}
Zu guter Letzt spricht der Bundesbildungsminister ein Machtwort …
Sturm! Sturm! Sturm! Sturm! Sturm!
… und sofort bahnt sich ein Paradigmenwechsel an.
Läutet die Glocken von Turm zu Turm, Los ist die Schlange, der Höllenwurm!
Fauch!
Quiek!
Schund
Die jungen Leute wandeln sich von Saulussen zu Paulussen.

Quo vadis, süßer Vogel Jugend?

Panik am roten Fluß

Äußerlich wirkt Johann Süsterhenn wie ein ganz normaler Geschäftsmann. Doch wenn keiner so genau hinsieht, verkauft er ausgestorbene Tiere und feiert Champagnerpartys mit sich selbst.

Ich bin ein freier Wildbretschütz und hab ein weit' Revier …
Als Süsterhenn dann selbst auf Hippogryphe Jagd macht …

Na warte, du Pimmelfriseur!
… kommt ihm ein investigativer Reporter der Zeitschrift Der kleine Tierfreund auf die Schliche. Emil Tischbein ist schockiert.

WISPER!
ZUHÖR!
GRÜBEL!
KNOBEL!
KEUCH!
In einem Heuschober bildet Emil einen Krisenstab.

Doch wo steckt dieser Süsterhenn überhaupt? Der Fall gibt Emil und den Detektiven Rätsel auf.

Emil steht am Scheideweg.
Soll ich die Affäre Süsterhenn auf sich beruhen lassen?

Jesus aber hat gesagt: »Wer nicht sein Kreuz trägt und mir nachfolgt, der kann nicht mein Jünger sein.«
Gott ist kein Gott der Schläfer
- ER WILL EINE BLANKE TAT!

An alle Einheiten: Hier ist er nicht!
Infolgedessen suchen Emil und die Seinen den gesamten Globus nach Süsterhenn ab.
Hier auch nicht!
Dich kriegen wir schon noch, du Schuftikus …
Der Tag bricht an, die Jagd geht los, ja horido, ja ho!
Die Fahndung erstreckt sich von Koblenz …
Des edlen Waidmanns Lust ist groß, ja horido, ja ho!
… bis Lappland.
Die Hunde raus, die Pferde vor, auf, Jäger, auf! durch Sumpf und Moor …
Sie drehen jedes Steinchen um …
Juch horido, juch horido, juch horido, juch ho!
… und durchpflügen sogar den Buxheimer Weiher.

Eine heiße Spur führt nach Afrika.
Ganz schön finster hier!
Im Dunkeln ist gut munkeln …
Gut getarnt suchen sie dort die Unterwelt auf …
… und entdecken eine Spur, die nach Amerika führt.
B 60
The claim we hold is as good as gold, bonanza, Hand in hand we built this land, the Ponderosa Ranch …
Das Schwein hält sich bei den Schwarzfuß-Indianern versteckt!
In den Rocky Mountains wechseln sie ihre Verkleidung.
Sie pirschen sich an das Reservat heran …
Süsterhenn hat die Uhr, aber wir haben die Zeit.
Schäm dich, du Maulwurf!
Jetzt rösten wir deine Eier!
Herr, segne das bevorstehende Gespräch!
… und enttarnen dabei einen Lockspitzel in ihren eigenen Reihen. Es ist Gustav mit der Hupe.

Nachdem er Gustav abgeknipst hat, zieht Emil erstmal einen durch.
Any man who doesn't want to cooperate I make him wish he hadn't been born.

Süsterhenn zeltet im zweiten Wigwam von rechts!
Eines Tages wird das alles mir gehören.
Feind
Der Trapper Geierschnabel gibt den Jungs den entscheidenden Hinweis.

8. JAHRGANG
Every time you turn around, expect to see me …
Emil und die Detektive gehen in Stellung …

We're gonna kill ya, Süsti!
… und bringen den Job zu Ende.

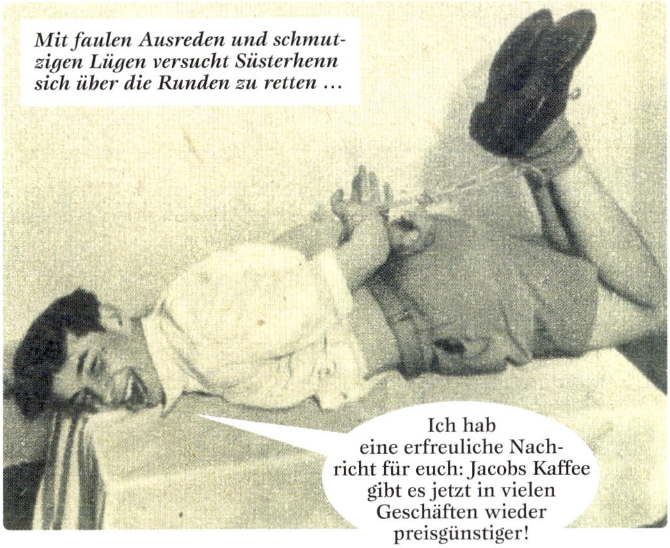
Mit faulen Ausreden und schmutzigen Lügen versucht Süsterhenn sich über die Runden zu retten …
Ich hab eine erfreuliche Nachricht für euch: Jacobs Kaffee gibt es jetzt in vielen Geschäften wieder preisgünstiger!

… doch Emil bläst ihm unwiderruflich das Lebenslicht aus.

Zur Belohnung singt Honorakonsul Redepenning den Buben sein Lieblingslied vor.
Nun gebt fein acht!

Wir sind vom Idiotenclub und laden herzlich ein …

Und die ganze Welt singt mit.
Bei uns ist jeder gern gesehn, nur dußlig muß er sein.

Bei uns gilt die Parole: stets doof bis in den Tod …

… und wer bei uns der Doofste ist, ist Ober-i-di-ot!

Selbst das ausgestorbene Einhorn kann nun wieder aufatmen, und es stimmt seinen unvergleichlichen Balzgesang an …
Ene dene ditschen datschen, zwibbel di bibbel boneratschen, ene dene daus, und du bist raus!

Das Ei des Kolumbus

Es ist so bitter: Die Kirche hat ihre Unschuld verloren. Kann es jemals einen Neuanfang geben?

Diese Neuigkeit …
Schon gehört? Es geht wieder los!

… verbreitet sich wie ein Lauffeuer.
Werft ab alle Sorgen und Qual, fallera …
… und wandert mit uns aus dem Tal, fallera!

Rasch wird ein Fürbittgottesdienst für die Inhaftierten anberaumt.
Kommet zuhauf …
… Psalter und Harfe, wacht auf!

Und das wirkt Wunder …
en
Hier steht's schwarz auf weiß – Generalamnestie für alle Geistlichen!
Donnerlüttchen!
Dürfen wir mal anfassen?

Selbst die übelsten Knastbrüder erhalten ihre Entlassungspapiere.
Ihr habt ausgelitten, Monsignore …
Klare Sache und damit hopp!

In den Weinbergen des Herrn wird der Begrüßungstrunk gekeltert …
Der Perlentaucher von Tomsville
Lieder werden photographiert
Fußballtrainer Jimmi Hogan
Ein Geheimarchiv platzt
Marsmenschen-Überfall
Dreiviertel ist um
Mensch, das gibt vielleicht 'ne Sause …
Oktober 1950

… und man bereitet einen deftigen Festschmaus für die entfetteten Heimkehrer vor.
Der Gott, der Eisen wachsen ließ, der wollte keine Knechte …
… drum gab er Säbel, Schwert und Spieß dem Mann in seine Rechte!
Wunderwurzeln und Liebesäpfel gefällig, die Herren?
Erst kommt das Fressen …
… dann kommt die Moral.
Schmackofatz!
Na? Hat's geschmeckt, Herr Probst?
Und wie lautet Ihr Dankgebet?
Turn on, tune in, drop out!
Dann werden die Süßspeisen gereicht.
Nach dem Essen sollst du rauchen …
5
… oder …
Und du wartest, erwartest das Eine, das dein Leben unendlich vermehrt; das Mächtige, Ungemeine, das Erwachen der Steine, Tiefen, dir zugekehrt …

Die katholische Jugend frohlockt.
Frühling läßt sein blaues Band Wieder flattern durch die Lüfte …

Ding, dung, döng!
… süße, wohlbekannte Düft Streifen ahnungsvol das Land …

Zu früh gefreut!
Diesem Treiben müssen wir einen Riegel vorschieben, Eure Heiligkeit. Ich bin auch nur ein Mensch!
Komm erstmal runter, Brother. Dann sehen wir weiter.

Der Papst ernennt den Erzbischof von Paderborn zum Zuchtmeister, der die Jugend bändigen soll …
Dann ist Schluß mit lustig. Allerdings auch für dich selbst …
Oops – dann kann ich ja wohl nur noch meine Handmaschine rattern lassen!

… und die Rädelsführer werden persönlich ermahnt.
Da hast a Watsch'n, Bua! nd jetzt schleich dich und sag den andern Schweinderln, daß vir so gar nicht erst wieder anfangen wollen, gell?
Schade eigentlich.

Das Jungvolk wird zum Studium von Benimmfibeln verdonnert.
Du glaubst, daß du schon alles erlebt hast. Du dauerst mich. Denn die Liebe ist mehr, so viel mehr als ein Stelldichein zwischen zwei Bienen …
Sorry, aber ich hab mich noch nie so ungeflasht gefühlt!

jeden Abend an seiner Strohhalmkirche.
Schaffe, schaffe, Häusle baue und ned nach de Büble schaue …
Beim Neuaufbau der Kirche ist Transparenz das oberste Gebot …

Vergelt's Gott, Herr Pfarrvikar …
Paßt schon!
… und das christliche Abendland wird von einer Welle der Dankbarkeit erfaßt.

Neues Leben blüht aus den Ruinen …
Schön ist es, auf der Welt zu sein …
… sagt die Biene zu dem Stachelschwein …

Nun singet und seid froh …
… in dulci jubilo!
… und die Frömmigkeit nimmt einen ungeheuren Aufschwung.

Mit vereinten Kräften wird die Schmutzflut zurückgedrängt …
Großer Bohnerwettstreit der Jugend!
4000 Preise im Werte von 100 000 DM
Ich bin klein …
… mein Herz ist rein …
… soll niemand drin wohnen …
Jungen und Mädchen helfen der Mutter!

… und alles Sündige im Keim erstickt.
… als Jesus allein!
Röchel …

Allenthalben macht sich Frohsinn breit.
I fell into a burnin' ring of fire …
I went down, down, down And the flames went higher …

And it burns, burns, burns …
… the ring of fire …
… the ring of fire!

Und Gott sah, daß es gut war.
Das ist nicht das Erlöschen der Natur …
… das ist der Strahl schon eines neuen Lebens.
59.-
79.-
Lycra

Unter Schmerzen sollst du deine Kinder gebären, du gottlose Hure!
Da scheißt der Hund in Feuerzeug!
Nun herrscht wieder Zucht und Ordnung.

Doch auf Dauer ist das Frommsein keine Lösung. Unreine Gedanken schleichen sich ein …
Ich bin. Aber ich habe mich nicht. Darum werden wir erst …

… und der altböse Feind injiziert der Jugend sein Gift.
Scheidewege
High sein, frei sein, ein bißchen Taschenbillard muß dabei sein …
ZWICKE DI ZWACK!

Jesus hat ins Bett geschissen …
… mitten aufs Paradekissen!
Sofort ist man wieder im alten Fahrwasser …

… und die verdorbenen jungen Früchtchen halten Kriegsrat.
Hier muß wieder Leben in die Bude kommen!
Aber wie?
Mal scharf nachdenken …

Bald dächern es die Pfeifen von allen Spatzen.
Die Knäbelein, die Knäbelein Stell'n sich schon wieder selbst ein Bein …
Fiderallala, fiderallala, fiderallalalala!

Hinter verschlossenen Türen brüten die Schlitzohren neue Gemeinheiten aus.
Tuschel …
Wisper …
Flöt …

Sie sägen
und schmirgeln
und biegen
und brechen …
6. JAHRGANG
MIT DER BUCHSPARMARKE

… und schrauben
und löten und feilen
und stechen …

… bis sie einen Kurzwellen-
sender zusammengebastelt
haben, mit dem sich das
Lustzentrum im männlichen
Gehirn manipulieren läßt.
Hoffentlich wird's bald …
Hoffen und Harren macht manchen zum Narren.

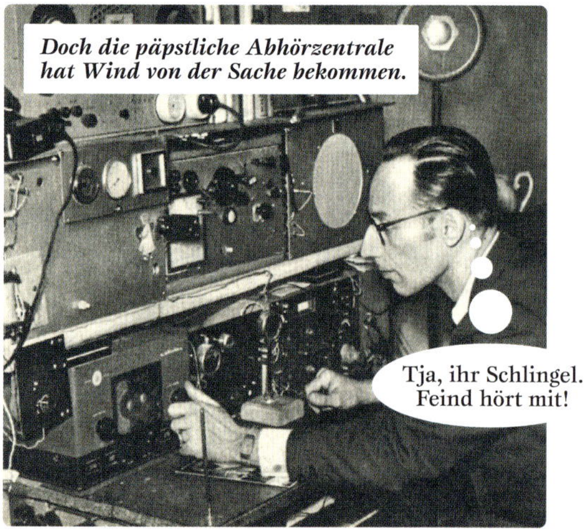
Doch die päpstliche Abhörzentrale
hat Wind von der Sache bekommen.
Tja, ihr Schlingel. Feind hört mit!

Heiligs Blechle! Das treibt einem ja die Schamhaare ins Gesicht!
Postwendend späht der Katholische Filmdienst
alle Schlupfwinkel der Ferkelbuben aus …

Wer will fleißige Handwerker sehn …
… der muß zu uns Kuckspechten gehn …
… und trägt im Handumdrehen eine beweis-
kräftige Schmalfilmsammlung zusammen.

Lirum, larum, Löffelstiel …
Schwester Barbara, die an der Universität Eichstätt den Lehrstuhl für Augustinische Alchemie innehat, braut in ihrem Privatlabor Hängolin zusammen, um den frechen Lausern ein Schnippchen zu schlagen.

Von der ahnungslosen Jugend wird die mit Glucose versetzte Lauge begeistert weggeschlabbert.
Das duftet ja wie frisch zubereitet! Süßer die Nüstern nie flüstern …
Wohl bekomm's!

Entsprechend lahm fallen die nächsten Gottesdienste aus …
Wenn uns're Tränen rückwärts fließen …
… dann bleiben wir hier, dann bleiben wir hier …

Diesen Rackern haben wir ja schön den Saft abgedreht!
Wohl wahr! Doch man soll den Tag nicht vor dem Abend loben, Herr Prälat. Unkraut vergeht nicht!
… und die Hintermänner lachen sich ins Fäustchen.

Ei, wir tun dir nichts zuleide …
… flieg nur aus in Wald und Heide!
In ihrer Verzweiflung kehrt die Jugend zu primitiven Kinderspielen zurück …

Wer keine weiche Birne hat, kauft harte Äpfel aus Halberstadt.
… und opfert den inneren Schweinehund auf dem Hochaltar des Trierer Doms.

Wie in Trance lassen sie den Sexualkunde-unterricht bei Schwester Kühlwalda über sich ergehen …
Zickezacke Hühner-kacke!
10 5 1 7 4
… und verrichten ihre Pflichten ohne echte innere Beteiligung.
Mola Ram, Suta Ram, Mola Ram, Suta Ram …
Selbst die Romane von Henry Miller haben ihren Zauber eingebüßt.
Snuggles besucht mich … Snuggles mit den Himbeernippeln und den zunehmend heißeren Unter-höschen …
Erst beim Erntedankfest kommen die Testosteron-Rezeptoren wieder in Schwung.
Es klappert die Mühle am rauschenden Bach …
… klipp klapp!
Abermals wandern begehrliche Blicke auf die arglosen Zeremonienmeister …
Whenever I want you, all I have to do …
Knödel! Bet! Zelebrier!
… is dream, dream, dream …
… und abends gibt es ordentlich was wegzubeichten.
Ich hab heut schon dreimal pubertiert …
Alle Achtung!

Es werden schwere Bußen verhängt.
Das geschieht euch recht, ihr Wichsgriffel! Ab mit euch ins Säurebad!
BRITZEL!
ZISCH!
Der Strafkatalog umfaßt kalte Duschen …
Sexy-mini-super-flower-pop-up-Cola – alles ist in Afri-Cola!
… entwürdigende Wasserspiele …
Nimm das, du Schwein!
Hoffentlich sieht mich keiner …
… Scheinhinrichtungen …
Schön stillhalten! Zielwasser ist alle!
… und konsolidierendes Bockspringen.
Ene mene mingmang, tingtang …
… use wuse wabbdich …
… eia weia weck!
Aber Mutter Natur sitzt am längeren Hebel …
Bin ich wohl hübsch genug für die Fronleichnams-prozession?

… und es keimt zaghaft neue Hoffnung auf.
Spieglein, Spieglein an der Wand …
3 - 1960

… wer ist der Schönste im christlichen Abendland?

3/55
Herr Ministrant, Ihr seid der Schönste hier. Aber der Ordinarius Pfannenstiel ist tausendmal schöner als Ihr.
Leuchtfeuer

Doch leider läßt der Ordinarius die Buben abblitzen.
Dies ist mein Leib. Mehr kann ic euch nicht bieten.
Kruzitürken!
Der rüttelt gefährlich nahe am Ohrfeigen-baum …

Gottlob meldet sich dann ein anonymer Tipgeber …
Was tut man nicht alles, um die Kirche in Mißkredit zu bringen!

Brüder, zur Sonne, zur Freiheit, Brüder zum Licht empor! Hell aus dem dunklen Vergangnen leuchtet die Zukunft hervor.
… der ihnen verrät, wo der Papst die potenz-steigernde Vorhaut des Kirchenvaters Era-tosthenes versteckt hat.

Die frittierten Vorhautpartikel sind der Renner der Saison …
Das schmeckt und steckt zum Knuspern an …
Hau rein, Kapelle!
Donner-kiesel! Man reiche mir ein Kotztütchen!
… doch der Nachgeschmack ist ätzend …
… und sie lösen teuflische Visionen aus.
TROPF!
GLIBBER!
GLABBER!
FLUTSCH!
He, Vor-hautfresser! Reicht das schon?
Foto des Scheideweg
Die Antwortet lautet: »Njet, mein Sohn!«
Nun scheint die Jugend mit ihrem Latein am Ende zu sein.
Was tun, sprach Zeus …

Aber dann liefert der Anonymus antike Schatzkarten, aus denen hervorgeht, wo der wundertätige linke Hoden des heiligen Kolumbus begraben liegt.
Gloria, Viktoria, wide-wide-witt, juchheirassa!

Lecko mio! Das nenne ich Sportsgeist!
Ach, wer da mitschürfen könnte!
In einer Petition mit mehr als tausend Unterschriften bewerben sich die Steppkes bei der Römischen Kurie um die Schürfrechte.

Auch die holde Weiblichkeit gerät in Goldgräberstimmung.
Wer den Hoden als Erster findet, darf ihn behalten!

Zunächst gibt das Erdreich nur den legendären und sogar noch fahrtüchtigen Pkw des Kirchenvaters frei …
Ziemlich oll, die Droschke.
TÖFF TÖFF!

Doch dann – Überraschung! – taucht im Kofferraum Kolumbus' linker Hoden auf.
Cool! Das Ding pulsiert sogar noch!

Abbl dibabbl dibubbl, schnuppl dipuppl dipappl …
… schnappl pappl, schnuppl dipu …
Bei einem orthodoxen Ritual wird die Reliquie mit neuzeitlicher Energie aufgeladen …

… und anschließend ins Bistum Speyer verbracht.
Damit werden wir uns sportlich ertüchtigen!
Du wirst dich wundern, Alter …

Und schon rollt das runde Leder.
Trimm Dich
Bet mal wieder

Mich ergreift, ch weiß nicht wie, Himmlisches Behagen …
Will mich's etwa gar hinauf Zu den Sternen tragen?

Allmählich spielt man sich warm.
Greif nur hinein ins volle Menschenleben …
… und wo du's packst, da ist es interessant!

Um die Atmosphäre weiter aufzuheizen, buddeln die jungen Leute auch Kolumbus' neunzehn Nebenhoden aus.
Ei, ei, ei, Verpoorten!
Verpoorten allerorten!

… das wird 'ne geile Kugel!
Higel …
… hagel …
… hugel …
Sogar in Nonnenkreisen bricht sich nun der Spieltrieb Bahn.

Infolgedessen lockern sich die Sitten …
Das Häubchen steht Euch ausgezeichnet, Euer Eminenz!
Und Sie küssen wie der Satan, Herr Subdiakon …
Kraft in den Teller, Knorr auf den Tisch!
… und selbst der Erzbischof von Speyer zeigt seinem Sprengel, was eine Harke ist.
Der erste, den Gewissensbisse zwacken, ist der verdorbene Bruder Justus aus Cloppenburg.
Meine Schweinigeleien bringen mich noch ins Grab …
Dann ziehen Sie doch die Reißleine, Sie Wutz!
Bruder Justus gehorcht und verhüllt sein Antlitz.
I've lived a life that's full
I traveled each and every highway
And more, much more than this
I did it my way …
Auch der Auxiliarbischof von Mainz-Gonsenheim bereut seine Sünden.
Verflucht, verdammt und Halleluja!
Wir sind alle kleine Sünderlein, 's war immer so, 's war immer so …
Diese Beispiele machen Schule. Von Kapstadt bis Spitzbergen rollt eine Welle der Zerknirschung durch die Klosterstuben …

… und ruft den gefürchteten Scharfrichter Dagobert auf den Plan.
Hier ist ein Mönch, der will zu dir. Du hast verkackt, öffne die Tür!

Zum Auftakt wird im Circus Maximus der Schlüsselwart der Apostolischen Kammer entsorgt.
Nogger dir einen!

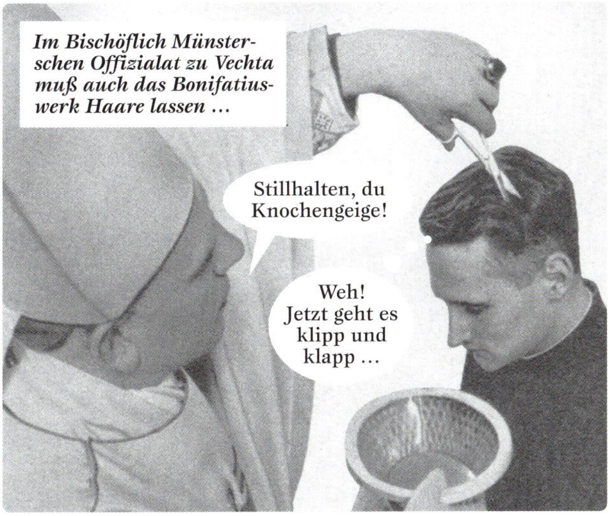
Im Bischöflich Münsterschen Offizialat zu Vechta muß auch das Bonifatiuswerk Haare lassen …
Stillhalten, du Knochengeige!
Weh! Jetzt geht es klipp und klapp …

Weeßte wat? Ding Jeseech un minge Aasch künnte Bröder sin!
… und der Großinquisitor von Flörsheim-Dalsheim lehrt den Borromäusverein Mores.

Die Zeit der Zärtlichkeit ist nun vorüber …
Meßdiener
Plan
I'm through with romance, I'm through with love, I'm through with counting The stars above …

… und die Jugend kaserniert sich selbst.
Folg' nicht der Sünde Lockgesang …
… die Lust ist kurz, die Reue lang!

Man nährt sich redlich …
Langeweile ist das neue Spannend!
Lecker! Reiberdatschi mit Gurkenwasser und Meeresalgen …
… und stählt sich mit Sport und Gesang.
Uns ist in alten mæren wunders vil geseit von helden lobebæren …
… von grôzer arebeit …
♪
Hocketie pocketie wocketie wobb …
… abra kabra dabra hopp …
… higitus pigitus migitus mumm …
Und wo bleibt der Rauch?
Um ihre Mitte wiederzufinden, spielen die Buben die Wahl des Papstes Eulalius nach.
Danach ist die Luft so ziemlich raus.
Da ist ja selbst Mikado besser.
Ich schätz mal, solang das Dasein al Seiendes ist, hat e seine „Gänze“ ni erreicht. Gewinnt e sie aber, dann wir der Gewinn zum Ver lust des In-der-Welt Seins schlechthin Als Seiendes wir es dann nie meh erfahrba
Wer hat gesagt, daß sowas Leben ist? Ich gehe in ein anderes Blau.
Weißt du noch? Die Mette bei Kardinalprotodiakon Gschossmann?
Oja! Der Abend wiegte schon die Erde, und an den Bergen hing die Nacht …
Bei der mitternächtlichen Läusesuche werden Erinnerungen wach.
Ein Wort ergibt das andere, und bis in die frühen Morgenstunden wird auf Teufelkommraus geknuddelt.

Und wo isser jetzt, dieser Pillersee?
Immer der Nase nach!
Nur noch fünfzig Kilometer!
Holy shit!
Zur Ertüchtigung pilgert die Knabenschar anderntags zum mythenumrankten Jakobskreuz über dem Pillerseetal.

Auf halber Strecke kommt ein Funkspruch aus dem Vatikan.
Ihr fehlt uns, Jungs! Aber da müssen wir durch …
Die Stimme kenn ich doch! Das ist Exzellenz Pfrettner!
Mein Busen drängt Sich nach ihm hin. Ach dürft' ich fassen Und halten ihn …

Der Triebverzicht geht Hand in Hand mit körperlichen Spitzenleistungen.
Wenn wir erklimmen schwindelnde Höhen, steigen dem Gipfelkranz zu …
… in unsern Herzen brennt eine Sehnsucht, die läßt uns nimmermehr Ruh.

Fels ist bezwungen, frei atmen Lungen, ach, wie so schön ist die Welt. Handschlag, ein Lächeln, Mühen vergessen, alles aufs Beste bestellt.
Melde Triebwerksausfall.

Nach des Tages Müh' und Plage spült man sich im Zeltstadtbassin den Staub von den morschen Knochen …
Sind unsre matten Glieder Vom Sonnenglanz erhitzt …
… So legen wir uns nieder, Wo frisches Wasser spritzt.
Alles Chlor!

… und dann hält der gute Mond die Nachtwache.
Wo Zephyrs sanftes Blasen
Der Sonne Glanz besiegt,
Da schläft man auf dem Rasen,
Mit Anmut eingewiegt.

Tags darauf ertönt ein Weckruf aus der Flöte eines Vagabunden, der die Dinge wieder in Fluß bringen möchte.
und
Pööt pööt!
ANDERS

Schnafte!
Alter! Das ist doch das Flötenkonzert in G-Dur von Christoph Willibald Gluck!
Düdelüt!
Die Jugend horcht auf …

… und spielt die süßen Melodien nach.

Piep!

Landauf, landab gefährden die Schalmeienklänge das Erreichte …
Das groovt ja wie Sau!

… und ihr Echo hallt auch in der Zeltstadt Gottes nach.
Dödel di tödel di pröttel di fiep!

Wenn das nicht funky ist, dann fresse ich 'n Besen!
Die sanfte Gewalt der Musik greift tief in jeden kindlichen Organismus ein …

… und befeuert die Debattenkultur.
Krasser Ohrwurm. Ungemein soulig.
Diese pumpenden Bässe sind angenehm unverkopft und absolut party-tauglich.

Und es kommt noch hinzu, daß die Rhythmen außer-gewöhnlich tanzbar sind.
Wenn du mich fragst, lotet dieser Track die dynamische Bandbreite vom energischen Powerplay über erdige Zwölftonmusik bis hin zum Ragga-muffin aus. Von balladesk bis expressiv.
NR. 6 · SEPTEMBER 1951

Tauwetter ist angesagt.
Hier bin ich Mensch, hier darf ich's sein!

Nur Einen Sommer gönnt, ihr Gewaltigen! Und einen Herbst zu reifem Gesange mir, Daß williger mein Herz, vom süßen Spiele gesättiget, dann mir sterbe.
Zaghaft kratzt die Jugend nun-mehr wieder an der Kirchentür.

Diesmal bleibt die Sache aber rein platonisch, Bürscherl!
Du sollst dem Ochsen, der da drischt, nicht das Maul verbinden, sagt der Herr …
Die Deutsche Bischofskonferenz hat ein Einsehen und emp-fängt eine Delegation der Meßdienergemeinschaft Minisegen.

Wie haben Sie das gedeichselt?
Mit Geduld und Spucke.
Der Pater, dem die Meriten für diese Entwicklung gebühren, ist fortan ein vielgefragter Mann.

Und wo haben Sie so schön Flötespielen gelernt?
In der Sakropop-Szene von Ratibor.

Die verhärteten Fronten zerbröseln …
Leg doch ab. Du bist viel zu warm angezogen.
Einen schöneren sechzehnten Geburtstag hatte ich noch nie …

… und man kommt sich behutsam wieder näher.
Welch hohe Lust, welch heller Schein wird wohl in Christi Garten sein!
Auf die Dauer, lieber Schatz, ist mein Herz kein Ankerplatz …

LUIS TRENKER
Auf dem Berg des Generationsunterschieds schmilzt das Eis der Verklemmtheit …

What a feeling. Schmeckt nach mehr!
… und die Jugend läßt es sich genüßlich auf der Zunge zergehen.

Jugend, bekenne dich! Wir sind nicht nur für eine Nacht zu haben!
Aber sollen denn wirklich alle Grenzen fallen? Das Führungsgremium des Priesterkollegiums zu Worms gibt eine Jungvolksbefragung in Auftrag.
So mancher Pimpf kriegt nun doch weiche Knie.
Was meinst du, Alfons – wuppen wir das?
Weiß nicht Lutz. Ich ha schon jetzt Hosen voll
Doch nicht alle sind so zimperlich.
Ihr Memmen! Ich für mein Teil möchte nicht umsonst gelebt haben!
WAHL-LOKAL
Das ist unser gemeinsamer Kirchenstaat! Und niemand drängt uns wieder an den Rand dieses Staates! Oder gar aus ihm heraus!
Beim Urnengang herrscht ein Riesenandrang …
… und vereidigte Wahlbeobachter erklären den Unentschlossenen, wo sie ihr Kreuzchen machen sollen.
Ja, goldrichtig, du kleiner Rabauke.
Gut so, Herr Küster?
Hochzufrieden tritt der Flötenspieler vor die Weltpresse.
Today is history! Dies sind die ersten freien Wahlen seit dem Prager Fenstersturz!

Ich denke mal, daß wir ganz gute Karten haben, wenn es keinen Schmu gibt …
Für den NWDR fragt Peter von Zahn einige Wahlberechtigte nach ihrer Einschätzung.

Bei der Stimmabgabe hatte ich ein echtes Gospelfeeling. Falls Ihnen das was sagt.

I can make you mine …
… taste your lips of wine …
Das Stimmungsbarometer steht auf Sturm …

Gott ist im Fleische; wer kann dies Geheimnis verstehen?
Hier ist die Pforte des Lebens nun offen zu sehen.
Gehet hinein, eins mit dem Kinde zu sein …
Noch so'n Gelaber – Prothesen-inhaber.
… und in Margret Dünsers beliebter Fernsehshow V.I.P.-Schaukel tagt eine Expertenrunde.

Im Wahlkontor der St. Bernulphusgilde zählt man die Stimmen aus.
Hier Ulrich Deppendorf. Seid ihr bald fertig da drin?

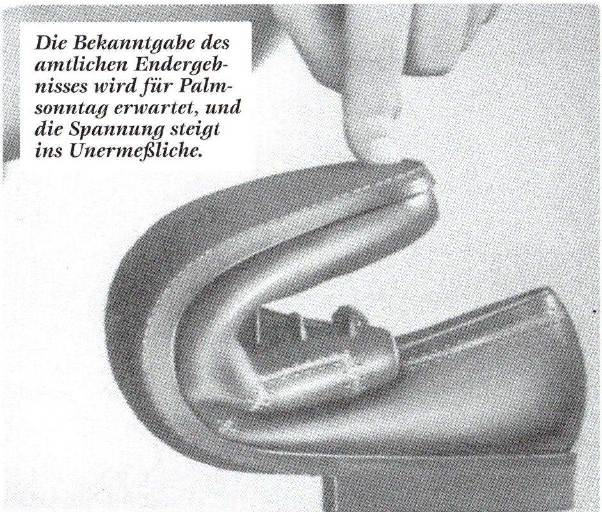
Die Bekanntgabe des amtlichen Endergebnisses wird für Palmsonntag erwartet, und die Spannung steigt ins Unermeßliche.

Dann verkündet der Flötist die frohe Botschaft.
Es ist ein Erdrutschsieg!
Ja, da brate mir doch einer einen Storch!
Das Nachrichtenmagazin Newsweek kürt den Flötenspieler zum Mann des Jahres …
… und er wird mit Fanpost überschüttet.
Oha – ein Autogrammwunsch von Hans Küng! Und er will wissen, wie's nun weitergeht …
Tja … Steigt jetzt nicht das apokalyptische Tier aus der Tiefe?
So ist es. Das freie Spiel der Kräfte gebiert Ungeheuer …
Maunz!
Nu' mal halblang …
Mir ist, als ob ich die Hände Aufs Haupt dir legen sollt, Betend, daß Gott dich erhalte So rein und schön und hold.
… und zerstört ipso facto das teleonome Sittengefüge.

Es kommt zu beispiellosen Szenen der Pflichtvergessenheit …
Solidarität ist die Zärtlichkeit der Völker!
Fun ist ein Stahlbad. Die Vergnügungsindustrie verordnet es unablässig. Lachen in ihr wird zum Instrument des Betrugs am Glück.

… und der Cyberkriminalität.
Das Jüngstvergangene stellt allemal sich dar, als wäre es durch Katastrophen zerstört worden.

Zwei mal drei macht vier, widdewiddewitt, und drei macht neune …
Bilder des Grauens schockieren die Welt.

Ich mach mir die Welt …
… widdewidde wie sie mir gefällt!

Hey, Pippi Langstrumpf, trallali, trallahey, tralla hoppsassa …

Hey, Pippi Langstrumpf …
… die macht, was ihr gefällt!
Ist der Weltuntergang noch aufzuhalten?

Führende Kirchenrechtler betrachten die Ereignisse mit Sorge.
Ich sah die besten Köpfe meiner Generation zerstört vom Wahnsinn …
… aus-gemergelt hysterisch nackt …
… wie sie sich im Morgen-grauen durch die Via Dolorosa schleppten …
… auf der Suche nach einer wütenden Spritze …
Hipster mit Engelsköpfen, süchtig nach dem alten himmlischen Kontakt zu dem Sterndynamo in der Maschinerie der Nacht …
Doch wer zuletzt lacht, lacht am besten.
Kennen Sie den? Machen drei Päpste Urlaub. Sagt der eine …

Manch einer verschließt die Augen vor der Wahrheit.
Annele, Bannele geht in' Laden, will für'n Dreier Knackwurst haben …

Der Höllenrachen öffnet sich …
WHAMM!
ZONG!
BAMM!

… und speit tausend übelriechende Teufel aus.
Kreisch!
Lechz!
Fauch!

Und so tarnt frau ein Lebkuchenhäuschen …
Dicker Arsch mit Furz!
Hexenkongregationen schießen aus dem Boden wie Pilze.

Und dennoch sagt der viel, der »Abend« sagt …
Die Walpurgisnächte werden länger …

Total versaut! So hab ich's gern!
Unter den Talaren Muff von tausend Jahren …
… und Philister in Sonntagsröcklein begrüßen die schöne Natur.

Mit langen Ohren saugen sie ein der Spatzen Lied …
I shot a man in Reno Just to watch him die …
… während Luzifer persönlich ins Allerheiligste eindringt.
Gacks?
Mädchen hört und Bübchen, macht mir auf das Stübchen …
Und ein Tier steigt aus dem Meer empor und wird ermächtigt, große Reden zu schwingen und Gott zu lästern.
Lebe glücklich, lebe froh wie der König Salomo, der auf seinem Throne saß und verfaulte Äpfel fraß.
Chef, dein Pferdestall steht offen!
Negativ! Alle Systeme sind auf Rot!
Fordere Evakuierung an! Do you copy?
Stellen Sie die aktuellen Gammastrahlenwerte fest!
Detonationssequenz initiiert! In fünf – vier – drei – zwo – eins –
Ein gewaltiges Ringen setzt ein.
Und es erscheint die große Hure Babylon, die Mutter der Hurerei und aller Greuel auf Erden.
An meine Haut laß ich nur Wasser und CD!
Der Liebessaft der Priesterschaft steigt auf den höchsten Pegelstand seit dem Konzil von Ephesus.
Da schmeck man das gan Aroma …

Und der Tod und die Hölle werden geworfen in den feurigen Pfuhl …
Eigentlich schade drum …
Voran
NR. 8 - NOVEMBER 1951

… und ein Engel greift den Drachen, die alte Schlange, welche ist der Teufel und Satan, und bindet ihn tausend Jahre und wirft ihn in den Abgrund.
In Hamburg sagt man Tschüß!
Kein Thema.

Und während die letzten apostolischen Spermien im ewigen Eis erfrieren …
Stunden der Liebe, du hast sie besessen, Stunden, so zärtlich, du mußt sie vergessen …

… orchestriert der Papst bei einem Prayer-festival den Massenselbstmord der Regens-burger Domspatzen und ihrer Chorleiter.

Der anonyme Tipgeber ist baß erstaunt.
Grundgütiger! Daß ich das noch erleben darf!

Klappe zu, Affe tot.
Ei, ei, ei, Verpoorten, Verpoorten allerorten …
Ende

Opferstock reloaded

Die Kirche gibt es nicht mehr. Die Erde ist wüst und leer, und es ist finster auf der Tiefe.

Der Fürst der Finsternis hat einen Plattfuß.

Die skeptische Generation flüchtet in künstliche Paradiese …
'scuse me while I kiss the sky …

… und erliegt dem Konsumismus.
Platz, Komfort und Motor-stärke …
… Meister-werk der Zündapp-Werke!
KLINISCH GETESTET

Eine Rasur soll gründlich sein, und sie soll die Hau schonen. Genau das leistet der Sixtant.

Die Kunst des Liebens weicht dem Fetischcharakter der Warenwelt.
paleder!
ECHTES LEDER
21 8.5
Wir sind vier wilde Stiere …
… und wedeln mit den Schwänzen …
12.90
Reine Baumwolle
26
19.90
Reine Wolle
utofahrer-Handschuhe für Damen und
n. Oberhand echt Schweinsleder.
hand Nappaleder.
20 Herren-Ledergürtel, 3 cm breit, abge
steppt, silberfarbige Schließe.
Längen 95 110 120 cm

Schnuckelchen
6 13.50
… und weil wir sind zu viere …
… ist das ein Spiel ohn Grenzen …
perlon

376 X 40
24.80
207 X 43
24.80
083 X 63
Faltenrock
Siehe
Seite 179
181 X 00
TREVIRA
20.75
183 X 43
15.90
18.90
Es kommt zu Wegwerfsex …

Erst gurten …
7 95
9 95
… dann starten.
Reine Baumwolle
gekämmt
6 95
edelform
herren
wäsche
… und unkoordiniertem Brunftverhalten.

Hallöle?
Sind Sie es, Frau
Oberin?
85.-
Cup B, C+D
Fettpolster
verschwinden
Taille
Besorgte Bürgerinnen rufen die alte
Mutter Teresa an, um sich Rat zu holen.

In ihrem Callcenter in Tschenstochau kann Mutter
Teresa jedoch nur einen einzigen klaren Gedanken fassen.
Mit Musik
geht alles
besser!

Roll over, Beethoven …
8 Woll-kammgarn 17.90
10 Wollkammgarn 13.50
… and tell Tchaikovsky the news …
Viele Jungscharen greifen die Anregung auf …
Roll over, Beethoven …
1 Reine Baumwolle Kochecht 6.50
2 Reine Baumwolle Kochecht 4.95
3 Baumwoll-Qualität Kochecht 5.50
… and dig these rhythm and blues!
… I'm-a play my fiddle …
3 Reine Wolle 14.50
4 Reine Wolle 13.90
Hey diddle-diddle …
… ain't got nothing to lose!
Ach Gott, vom Himmel sieh darein und laß dich des erbarmen …
So camouflieren sie ihre innere Leere mit Hottentottenmusik.
Doch schon bald setzt Katerstimmung ein …
What the fuck?
Es ist keine Schönheit und kein Trost mehr außer in dem Blick, der aufs Grauen geht, ihm standhält und im ungemilderten Bewußtsein der Negativität die Möglichkeit des Besseren festhält.
… und die Jugend erkennt die Zeichen der Zeit.
Nimm Dir Zeit für Gott!

Ein neuer Papst wird erschaffen …
Auf diesen Felsen will ich meine Kirche bauen.
… und aus der Taufe gehoben.
17 2.25
Tantum religio potuit suadere malorum …
18
Doch der neue Papst erweist sich als Wechselbalg …
Scheiß Fanpost!
… und entwickelt sich definitiv in die falsche Richtung.
Die Religion ist der Seufzer der bedrängten Kreatur, das Gemüt einer herzlosen Welt, wie sie der Geist geistloser Zustände ist. Sie ist das Opium des Volks.
Mir kreist der Hut!
Mein Gehirn käst!
Meins ist völlig verdunstet!
Dunkle Wolken brauen sich zusammen.
Der aus Bad Rappenau hergelaufene Spontanbischof Konrad von Feuerfresser ruft zur Umkehr auf.
Die Jugend muß sich auf die althergebrachten Werte besinnen.
Ist gebongt. Ich sag's weiter!

Die junge Generation horcht auf.
Die Botschaft hör ich wohl …

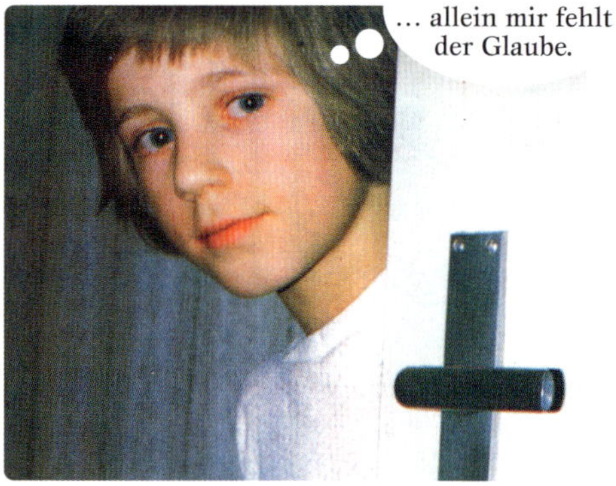
… allein mir fehlt der Glaube.

Hinter einer Lokusmauer Saß der Doktor Adenauer. Hatte kein Papier. Raus mit dir.
In Bibelkreisen lernt man nun mühsam wieder die Technik des Betens …

Bitte recht freundlich!
… und fotografiert sich dabei zum Zwecke der Supervision.

Das ist krasser Stoff für den nächsten Pirelli-Kalender!

Ich seh mich schon auf dem Catwalk in Milano …

Und was machen wir jetzt mit dem angebrochenen Abend?
Die Parole heißt: Aufbruch ins Unbekannte!
Komm mit ins Abenteuerland! Der Eintritt kostet den Verstand …
Whither Thou goest, I will go.
Hare Krishna, Hare Krishna …
… Hare Hare …
… Hare Rama …
Ein breiter Pilgerstrom wälzt sich zur Grabeskirche in Jerusalem …
… und haut dort nach Kräften auf die Pauke.
Die Zweiglein der Gottseligkeit steckt auf mit Andacht, Lust und Freud …
Ich kann mir auch 'n Loch ins Knie bohren und Kaulquappen darin züchten.
Der Countdown läuft …
Heile, heile Mausespeck, in hunnerd Jahr is alles weg!
DING DÜNG!
Im Mittelschiff der Kirche warten dreißig selbsternannte Basiliuspriester auf den Ansturm der Aspiranten.
Wolle mer se 'neilasse?
Jawollja! Immer rein in die gute Stube!

Manche Buben haben leichtes Lampenfieber …
Aug, mein Aug, was sinkst du nieder?
Goldne Träume, kommt ihr wieder?
… während die Priester ihr Glück kaum zu fassen vermögen.
Horch, was komm von draußen rein?
Hollahi, hollaho!
Wird wohl mein Feinsliebchen sein …
FRATER VENANTIUS
Hollahiaho!
CCGC
1964
Die Party geht bis ultimo …
Yikes!
You can get it, if you really want …
… und in Tschenstochau lacht Mutter Teresa das Herz im Leibe.
Und so jemand davontut von den Worten des Buchs dieser Weissagung, so wird Gott abtun sein Teil vom Holz des Lebens und von der heiligen Stadt, davon in diesem Buch geschrieben ist.
Ende

Leuchtfeuer
MiniStrant

Wenzel Storch

»Der Stoff jauchzt auf«

Eine Pilgerreise in die wunderbare Welt der katholischen Aufklärungs- und Anstandsliteratur nebst einem Streifzug durch die kirchliche Heftchenkultur 1946–1985

Der Ehrentitel Katholik, der schönste,
den es in menschlicher Sprache gibt.
Paul Claudel

Es brummen Honigbienchen
Es hüpfen die Kaninchen ...
Bill Ramsey: »Auf der bunten Hollywoodschaukel«

Es gibt eine Nähe zwischen den Plätzen, wo man betet, und denen, wo man kopuliert«, stellte Peter Hacks 1988 in der Zeitschrift »Transatlantik« fest. Daß kirchliche Anlagen »Stätten der Ergießung« seien, wird heute niemand, der ein Zeitungsblatt auseinanderfalten kann, mehr bezweifeln (genausowenig, daß es Kommissar Higgins 1967 mitnichten gelungen sein kann, dem Mönch mit der Peitsche das Handwerk zu legen). Höchste Eisenbahn, an das Werk eines Würdenträgers zu erinnern, dessen Thema »das Schönste« und »Allerfeinste« war – und der als größter Sexualmystiker deutscher Zunge gelten dürfte, hätte ihn die eigene Zunft, und mit ihr die Welt, nicht längst vergessen.

Der Würzburger Prälat und Expilot Berthold Lutz schuf Benimm- und Aufklärungsbücher wie *Die leuchtende Straße* und *Das heimliche Königreich* – Werke, die ihre kleinen Leser verzauberten und die Fachwelt begeisterten. Schon das Debüt fand den Beifall der Kritik. »Es ist bis jetzt noch kein besseres Buch geschrieben worden«, urteilte »Alt und Jung Metten«, die Hauszeitschrift des Klosterinternats Metten, und die Rezension des Poeten Oskar Neisinger (»Gottes Gnade / Kann auch auf krummen Zeilen / Gerade schreiben«) schloß mit dem entzückten Ausruf »Führerbücherei!« Damit war nicht der Bücherschrank des Braunauers, sondern die Rucksackbücherei des Jungscharführers gemeint, in die *Die leuchtende Straße* umgehend Einzug hielt.

Schon bald bogen sich die Regale katholischer Kinderzimmer unter Titeln wie *Frechdachs lernt Anstand* und *Wirbelwind verzaubert sich*. Doch der Held unsrer Geschichte hat nicht nur zahlreiche Kinderbücher, sondern, zumeist anonym, auch unzählige Beiträge für die wohl beste Knabenzeitschrift der fünfziger Jahre verfaßt – ein erst dünnes, dann immer dicker werdendes, großzügig bebildertes Heft, das er zusammen mit seinem Freunde Georg Popp (nicht zu verwechseln mit dem Erfinder des Popp'schen Grundsatzes) erfand und im

Konviktkritik anno '67: Internatsschocker mit Joachim Fuchsberger als Inspektor Higgins

Alleingang betreute. Und dessen fröhlichen Namen wir jetzt, am Anfang der Geschichte, noch nicht verraten wollen.

Heute steht unser Mann im 88. Jahr und verzehrt, als Ordinariatsrat em., im Schatten zweier Glockentürme – die Stiftskirche St. Kilian ist für ihr Geläute mit besonders dicker Wandung (sogenannte überschwere Rippe) berühmt – seine kargen Prälatenbezüge. Wenn auch im Spätherbst 2009 überall im Bistum die Sektkorken geknallt haben dürften (besonders laut in Würzburg, der Stadt früher Triumphe), die Feier der Diamantenen Priesterweihe wird den Jubilar nicht darüber hinweggetröstet haben, daß sein Werk verschollen und seine Lebensleistung vergessen ist. Die Bilanz könnte erbitternder kaum sein: die *Frechdachs-* und *Wirbelwind*-Bände aus den Beständen der Pfarrbüchereien verbannt, der Name Lutz von den Wunschzetteln gestrichen, auf denen er jahrzehntelang ganz oben stand ...

Daß der Mann, der als Oswalt Kolle der katholischen Sexuallehre gelten muß, so gründlich vergessen ist, dürfte daran liegen, daß ihm schon früh eine Armee von Möchtegern-Kolles auf den Fersen war. Gottesmänner, deren Traktate in immer rascherer Folge die Schriftenstände der Gotteshäuser verstopften. Vorneweg Clemente Pereira mit seinen Billigbroschüren *Wer sagt uns die Wahrheit?*, *Zwischen 13 und 17* und *Mir nach! Ordensleben heute*.

Der umtriebige Jesuit Pereira hatte sich, wie Lutz, Ende der vierziger Jahre dem Schülerapostolat verschrieben und seine einschlägigen Vortragsreisen bald weit über die Grenzen des heimischen Aloisiuskollegs – seiner aus Funk und Fernsehen bekannten Wirkungsstätte – ausgeweitet. Am Ende eines »geglückten Priesterlebens«, wie bei Diamantenen und Eisernen Weihen die Floskel lautet, hatte Pereira eine Dreiviertelmillion Schüler agitiert, darunter den jungen Dieter Kunzelmann.

Epigonen wie Pereira mögen hinreißende Vortragskünstler, in manchen Belangen auch bessere Kenner des Körpers, seiner Kapricen und Kapriolen gewesen sein. Doch ihre Prosa bleibt kniefällig und karg, ohne Klang und Schwung.

Wie anders dagegen Lutz! Ein fröhlicher Fabulant, der seine kleinen Leser bereits auf Seite fünf in einen knospenden Garten führt – hinein in ein magisches Reich voll frischgrüner Stengel und nickender Kelche. Blätter und Blüten, mit leichter Hand aufs Papier gestreut. Und dazwischen, auch das ist neu und selten, donnern die Motoren, daß die kleinen Eicheln, die genretypisch den Wegesrand säumen, lustig durcheinanderfliegen. Denn der Autor scheut sich nicht, seine Abenteuer als Bomberpilot, wo immer es die Handlung vorantreibt, ins gleichnishafte Spiel zu bringen.

»Sakramente Quartett«, Steyler-Verlag

Wenn auch vieles hölzern konstruiert und steifhosig formuliert ist, wenn auch der ältere Leser, der das meiste bereits aus trüberer Quelle besser weiß, über manch liebenswürdige Flunkerei stolpert, das Diktum Hermann Hesses – »Worte wie Samenkörner, die nach dem Lesen aufgehen und zu wachsen beginnen« – findet bei Lutz seine Erfüllung: Ob *Wirbelwind trainiert auf Haltung* oder *Der Feuerregen*, wer sich dem Studium seiner Werke widmet und ein Herz für gewagte Bilder mitbringt, wird reich beschenkt.

Doch zunächst ein kleiner – privater – Rückblick. Es war im Frühjahr 1979, als ich, mit Ach und Krach volljährig geworden, dem Elternhaus den Rücken kehrte. Zum Abschied überreichte mein Vater mir eine Postkarte. »Zimmere dein Leben selbst«, las ich darauf, »aber laß dir von Gott die Maße angeben.«

Auf daß das Bauwerk gelingen möge, ließen meine Eltern mich ins »Goldene Buch des Bonifatiuswerkes« eintragen, außerdem wurde ich »immerwährendes Mitglied« im Pallottiner-Meßbund. Kenntnis von diesen Mitgliedschaften nahm ich im Spätsommer, als farbenprächtige Urkunden ins Haus flatterten – Mitgliedschaften, die, obwohl halbkriminell eingefädelt, unkündbar sind ...

Derart gewappnet zog ich hinaus in die Welt, vergaß bald Kirchgang und Beichte und wandte mich den weichen Drogen zu. Eines Sonntags, es mag 1981 gewesen sein, kamen wir – ich hatte mit einem lieben Freund eine Mikropille geschluckt – auf den Gedanken, mal wieder zur Kirche zu gehen. Bei Ausflügen auf Pille steht ja immer die Frage im Raum: Wo geht man hin, wo ist es schön? Also haben wir uns, es war ein heißer Sommertag, für St. Mariä Himmelfahrt, unsern alten Dom, entschieden. Vor dem Tausendjährigen Rosenstock, dem Wahrzeichen unseres Bistums, überkam es mich dann.

Wie wäre es, dachte ich – oder besser: dachte die Chemie in mir –, wenn man, zur höchsten Ehre Gottes und quasi hinter dem Rücken der Kirche, einen römisch-katholischen Propagandafilm herstellte? Einen Meßdiener-Report, bunt und bescheuert: Ein Pfarrer, sportlich und gepflegt, tollt mit seinen Buben durch ein apostolisches Zauberland ...

Das hieß: Blut, Haß und Nächstenliebe! Nie gesehene Praktiken des Glaubens! Predigten und Verfolgungsjagden! Dazwischen, immer wieder, die religiösen Spiele blutjunger Ministranten. Und zum Happy End würde sich der Priester im Vollrausch die Hand abschneiden und sich aus den Knochen ein Mobile basteln! Obwohl ich von Film keine Ahnung hatte, setzte ich mich sofort hin und schrieb ein Drehbuch – oder was ich dafür hielt.

Um den richtigen Tonfall zu treffen und um mich atmosphärisch anzutörnen, klapperte ich die Pfarrbüchereien rund um Hildesheim ab, immer auf der Suche nach Fachliteratur. Denn das kleine Schatzkästlein, in dem ich meine Kindheits- und Jugenderinnerungen verwahre und in dem sich manches Kleinod findet – ein zerfleddertes Exemplar des »Kleinen Missionars«, ein paar abgegriffene Karten des »Sakramente Quartetts«, Schundhefte aus der Pallottinerdruckerei, ramponierte Reste meiner Mönchskäsesammlung –, schien mir zum Quellenstudium nicht ausreichend. Immerhin schwebte mir ein Monumentalfilm über das Geheimnis des Glaubens vor, da mußte, wenn schon nicht alles, so doch wenigstens einiges stimmen.

Groschenheft aus der Pallottiner-Druckerei

Schon bald wurde ich beim Stöbern in den Leihbüchereien auf die Werke eines Würzburger Prälaten aufmerksam. Dieser Mann hatte prachtvolle Mädchen- und vor allem Bubengestalten geschaffen – Phantasiegestalten, wie ich sie mir für mein Vorhaben nur wünschen konnte – und in seiner Blütezeit ganze Bubenwelten halluziniert. Und das Beste: Die wertvollen Bücher lagen allesamt in Grabbelkisten, denn der für das katholische Büchereiwesen verantwortliche Borromäusverein wollte sie loswerden.

»Mit großer Epik Fühlung zu halten, gleichsam die Kräfte in ihr zu baden, ist geboten, wenn man selbst erzählerisch Ernstes erstrebt«, rät Thomas Mann in *Die Entstehung des Doktor Faustus.* »Ein schweres Kunstwerk bringt, wie etwa Schlacht, Seenot, Lebensgefahr, Gott am nächsten, indem es den frommen Aufblick nach Segen, Hilfe, Gnade, eine religiöse Seelenstimmung erzeugt.« Von Schlacht, Seenot und Lebensgefahr wußte ich nichts, aber was ein »schweres Kunstwerk« ist, das sollten mir die Dreharbeiten und Kopierwerksrechnungen bald zeigen.

Auch wenn die Kritik später anderer Meinung war: »Ein Machwerk, Schundprodukt und ›home movie‹, aus der Unterhose gefilmt«, befand der katholische Woody-Allen-Experte Hans Gerhold nach der Premiere, und der Starkritiker des katholischen »film-dienst« – ein Mann, der sich Messias nannte – wußte sich ebenfalls nicht zu lassen. Seine Diagnose: »Kirchenphobie«.

Dabei hatte ich mich bloß an die Direktiven gehalten, wie sie in *Die 9. Seligkeit – Licht und Dunkel des Films* niedergelegt sind. (In seiner Brandschrift aus dem Jahre 1962 ernennt Roman Herle, Filmsachverständiger der Wochenzeitung »Die Furche«, die Kinematographie zum »neuen, ewigen Licht«, seitdem galt der Film als »Fünfter Evangelist«.)

Außerdem hatte ich während der Dreharbeiten stets Fühlung gehalten, mich immer wieder in *Die Leuchtende Straße* oder *Frechdachs lernt Anstand* vertieft. In stillen Stunden versenkte ich mich auch in *Peter legt die Latte höher* – ein Werk, von dem noch zu reden sein wird und das seinem Verfasser zahlreiche Auszeichnungen einbrachte. Wenn ich recht unterrichtet bin, sogar den Preis einer alten Standesorganisation, der Gilde deutscher Gliedvorzeiger (GdG).[1]

Doch Spaß beiseite, und damit Vorhang auf! Vorhang auf für einen Meister seines Fachs, für einen der vielleicht besten Kenner der Gliedsteife, den die katholische Kinderliteratur je hatte.

Es ist keine Trennung möglich zwischen den Organen, die im Kopf angebracht sind, und denen, die zwischen den Beinen angebracht sind«, schreibt Peter Hacks in *Die Schwärze der Welt im Eingang des Tunnels.* »Man kann sowohl Eierstöcke im Hirn finden als Hirnmasse im Hodensack.«

Das beglaubigt Lutz wie kein zweiter (abgesehen vielleicht von Thomas Mann, dessen Eierstocknovelle *Die Betrogene*, das vorletzte Erzählwerk des großen Humoristen, Theodor W. Adorno zu einem langen Dankesbrief hinriß). Allein in den fünfziger Jahren produziert der Gottesmann ein Dutzend Kinderbücher, die sich alle, verschleiert oder explizit, um das Eine drehen. Streng nach Geschlechtern sortiert – mal eins für Mädchen, dann wieder zwei für Jungs, wobei besonders die Mädchenbücher durch Passagen von milchiger Schönheit gefallen.

Was um so irritierender ist, als auf dem »unberührten Klavier« der »einweihende Silberton« nie erklungen sein kann: Kaplan Lutz nähert sich dem 27. Jahr, als er sich in das Abenteuer des Schreibens stürzt und – gleichsam mit Eierschalen im Haar – an seinen ersten Sex-Ratgeber wagt.

Will man großzügig sein, kann man Lutzens Œuvre dem poetischen Realismus zuordnen, trotz eines wildromantischen Einschlags, der sich der Sehnsucht nach Erlösung verdankt. (»Gott schafft den Menschenleib neu«, deliriert er in einem seiner Bücher über die letzte Gnade: »Der Stoff jauchzt auf.«) Sowohl das Debüt als auch das ein Jahr später folgende »Schwesterbuch zur *Leuchtenden Straße*« – Sex sells, wird sich der Verlag gesagt haben – sind in eine be-

1 Die farbenprächtige Flagge der GdG ist abgebildet auf S. 63 (Bild 3).

Sätze von milchiger Schönheit: Der junge Dichter, ca. 1955

hutsam wogende, mild irrlichternde Fabel eingesponnen, angesiedelt in einem frivolen Traumland. Erzählt wird von der Diktatur der Fleisches.

Während er *Das Heimliche Königreich* – mit dem er den Mädchen das schenkt, »worum sie die Buben schon lange beneideten« (Verlagswerbung) – in das zarte Gespinst eines Wintermärchens hüllt, kleidet er *Die Leuchtende Straße* in einen glühenden Sommernachtstraum. Auch wenn der Autor kein Shakespeare, kein Heine oder Goethe sein will, der ein solches Thema wohl melodischer (»Norbert – so nennen wir einen reichen Wuschelkopf im besten Knabenalter ...«) eingefädelt hätte – dem wunderlichen Seelsorger, der wie ein Barkeeper mit Liebeszaubersäften hantiert, gelingt auf Anhieb das, was Georg Lukács »ein leises Schaukeln zwischen Traum und Wirklichkeit« nennt und was der Maler Moritz von Schwind gemeint haben könnte, als er von der »Vermischung des Feenhaften und Purzligen« sprach.

Vor uns liegt eine Sommerwiese, von Blüten übergossen. Hier, »zwischen kleinen grünen Käferchen und brummenden Hummeln«, schläft Norbert ein. Doch die Ruhe währt nicht lang. Frohes Lachen läßt Norbert aufschrecken, und als er sich zwischen »wogenden Halmspitzen« die Augen reibt, gewahrt er drüben am Waldrand, dort, »wo ein Bächlein kullert und gluckst«, ein paar Jungen. »Zwischendrin, das Große, Schwarze? Tatsächlich, das ist ein Priester.«

Die Geschichte einer großen Freundschaft beginnt, und am Ende des Sommers wird Norbert mit gespreizten Beinen »zwischen zwei Lebensaltern« stehen – wie René von Stangeler über dem Bachbett der *Strudlhofstiege*: »immer noch Knabe, längst schon Filou«. Bis dahin sind, zwischen Unterholz und Glockenturm, allerlei Abenteuer zu bestehen ...

Nachdem wir Lutzens Erstling literaturgeschlechtlich einsortiert haben, sei kurz der Inhalt referiert. Dieser paßt, trotz aller Turbulenzen, in ein einfaches Satzgefüge. Kaum hat Norbert sich an die Gruppe herangepirscht, wird er ergriffen, gefesselt und wieder befreit. Ein Plot, der wohl nicht zufällig an *Winnetou I* erinnert.

»›Gehen wir ein wenig spazieren?‹ schlug der Kaplan vor, nachdem er Norbert die Fesseln gelöst hatte.« Auf diesem Spaziergang vertieft sich Schritt für Schritt, was später am Lagerfeuer Gewißheit werden soll: das Gefühl, etwas Schönem entgegenzusteuern. »Das Schönste«, ja das »Allerfeinste« wartet auf Norbert – dort hinten, am Ende der Straße. (Jahre später wird Lutz sein zweites Mädchenbuch *Briefe an Ursula* in *Noch viel schöner, Ursula!* umbenennen.)

Näher, mein Gott, zu Dir: Ab der dritten Auflage erschien Briefe an Ursula *mit dem fröhlichen Lustschaukelcover*

Norbert und Ursula, so drückt es Adalbert Stifter in seiner Pubertätsstudie *Der Hochwald* aus, sind »wie Mitspieler in ein buntes Märchen gezogen, alles neu, alles fremd, alles seltsam und dräuend«. Und so reihen sich die beiden – im *Hochwald* heißen sie Ronald und Klarissa – strahlend ein in das große Heer der Pubertanten, das, hier wie dort, die leuchtende Straße hinaufzieht, und mit ihnen der willige Leser. Eine Straße, die übrigens nicht mit dem Leuchtenden Pfad des Pol-Pot-Schülers Abimael Guzmán zu tun hat ...

Die Glocke läutete den Abend-Angelus über das Dorf. Die letzten Wagen rollten von den Feldern heimwärts.« Das ist die Stunde, in der der Kaplan, wie jeden Abend, das Lagerfeuer entzündet. Atemlos lauscht Norbert der großen Freiluftpredigt, die heute »Das Märchen vom Storch« zum Thema hat und die der junge Priester »mit gegrätschten Beinen« hält – einen gut aufgepumpten Ball, noch vom gemeinsamen Handballspiel her, malerisch dazwischengeklemmt.

Es kommt, wie's kommen muß: Daß »der Schwarze« mit heißer Ware handelt, spricht sich im Dorf schnell herum ... Am Waldrand schlafen die Zelte. Und als der Kaplan noch einmal durchs Lager schreitet, um »segnend das Kreuzzeichen über die Buben« zu machen, wächst ein Schatten aus der Erde. Es ist Norberts Freund Josef.

»Da hab ich nun dauernd so – häßliche Gedanken – ach, ich kenn' mich wirklich selbst nicht mehr aus!« flüstert der Schatten, und der Leser – konsterniert über die freimütige Art der Anbahnung – ist froh, Josefs Kopf nicht leuchten zu sehen, so suggestiv gerät dem Autor die Szene. Doch der junge Priester reagiert trotz der späten Stunde scharmant: »Ich weiß nicht, ob Du schon einmal in einem Weinkeller warst? Ja? Da hast Du dann sicher gehört, wie der Traubensaft, der ein guter Wein werden will, brodelt und gärt und rumort. Und wenn so ein Faß aus Glas wäre und Du hineinsehen könntest, da würdest Du vor dieser trüben Brühe erschrecken und denken: Das wird doch nimmermehr ein heller, kristallklarer Wein! So eine Zeit der Gärung«, raunt der Priester, »kommt auch im Leben jedes Menschen vor. Man nennt sie die Reifezeit.«

Während der Kaplan »ein neues Scheit in die Glut« legt, schnauft »der Bub einmal ganz tief auf«. »Dann ist ja alles viel leichter«, haucht er; und nun wird sie aufgeklappt, »die schönste Seite im Buch vom Geheimnis des Lebens«.

»Für einen edel gearteten Jüngling«, notiert Arno Schmidt im selben Jahr, in dem sich Berthold Lutz an die Niederschrift der *Leuchtenden Straße* macht, »gibt es ja zunächst gar nichts Widerlicheres als die Vorstellung der Manipulationen, unter welchen man Vater zu werden pflegt.« »Ja, wenn man Spinnenaugen hat«, lächelt Lutz, »dann schaut man das Schönste mit gemeinen Blicken an; und vom Allerfeinsten spricht man unter schmutzigem Lachen.« Und schon schüttet er vor unseren Augen seine Wundertüte aus – in der wir ein wenig kramen wollen, auch wenn dabei Präsens und Präteritum durcheinanderpurzeln.

Hier – in *Briefe an Ursula* – trippelt ein Kohlweißling »in zierlichem Tanzschritt über das gelbe Parkett der dichtgewachsenen Staubgefäße und Stempel«. »Nicht viel weiter« – in *Die Leuchtenden Straße* – »stemmte sich keck ein frischgrüner Stengel hoch. Aus einer Eichel, halb so groß wie ein kleiner Finger, sproßte er auf. Später, so träumte er heute wohl schon, würde er einmal ein riesengroßer Eichbaum sein, der höchste im ganzen Wald.« So wie neun von zehn Theologiestudenten – angeblich – davon träumen, später einmal den Längsten der ganzen Gemeinde zu haben ...

Und während unser Kohlweißling »bis auf den Kelchgrund nach dem letzten Tropfen süßer Nahrung« taucht, wobei »sein überschlanker Rüssel« lustig trompetet, legen sich anderswo – in der vierten Maiausgabe jener eingangs erwähnten, von Lutz redigierten Knabenzeitschrift – »die langen zipfeligen Kastanienblätter« zusammen: »wie betende Hände«, denn im raschelnden Laub der alten Kastanie will sich »das große Geheimnis« vollziehen.

»Schau!« schwärmt Lutz, als sich zwei Herren – aus der Froschperspektive betrachtet – über einen jungen Eichtrieb beugen, »da kommen wir mit all unserer Gelehrsamkeit nicht mehr mit, wie es denn möglich ist, daß in dieser winzigen Eichel Kräfte schlummern, die später den gewaltigen Baum hochwachsen lassen.«

»In kleine Samen hat er all die Kräfte hineingelegt, die nötig sind, wenn ein neues Menschenkindlein daraus wachsen soll.« So beginnt ein Passus, der sich in fast allen Lutz-Texten findet, jedenfalls denen der ersten Periode, die etwa bis 1953 reicht. »So ein Same darf natürlich nicht in eine billige Tonscherbe oder in eine Blumenkiste versenkt werden; das siehst Du schon ein! Gott hat in seiner Liebe ein Versteck für ihn ausfindig gemacht, wie es kein schöneres gibt auf der Welt.«

Das klingt dunkel wie ein Rätsel – ginge nicht neun Monate später die Reise »durch einen ganz engen Gang« ans Licht. »Da hat Gott wiederum ein Wunderwerk getan. In der Brust der Mutter hat er um diese Zeit die Muttermilch heranwachsen lassen, die so fein zusammengesetzt ist, daß sie von keiner andern Speise ersetzt werden kann.«

In Lutz' zweitem Märchenbuch, dem ersten für Mädchen, ist es »ein kleiner, golden schimmernder Same«, der die heimliche Heldenrolle spielt – im Rahmen eines roh in die Handlung eingefügten Weihnachtsspiels, vollgestopft mit Raben, Schmetterlingen und Schnecken, in die sich die Insassinnen eines namenlosen, schwer mit Eiszapfen behängten Mädchenpensionats verwandelt haben.

Das heimliche Königreich – damit wären wir bei jenem Handbuch angelangt, das Lutz dem weiblichen Leser 1951 als Einschlafhilfe vorlegt. Ein Service, zu dem er in der Folge immer wieder Muße finden wird. So stellt er den vier *Frechdachs*-Büchern, die er zwischen 1953 und 1957 vollendet, drei *Wirbelwind*-Büchlein zur Seite, und seinem »Priesterbuch für junge Menschen«, dem großformatigen *Wagnis und Gnade*, läßt er unter dem herbsüßen Titel *Herrin und Mutter* ein »Marienbuch für junge Menschen« folgen.

Unter den silbernen Helm / zwäng' deine junge Stirn! / Reiß das Schwert aus der Scheide, / dulde kein häßliches Wort!« Oder: »Wenn der Drache der Gemeinheit den Kopf heben will, hau ihm den Kopf ab!« Was vom Tonfall an Sir Oblong-Fitz-Oblong und Lukas den Lokomotivführer erinnert, ist echter Lutz. »Jawohl«, heißt es in *Frechdachs lernt Anstand*, »hier wird geboxt und zugeschlagen, wenn uns ein Teufel unsre Freude rauben will!«

Wo immer zwei oder drei Buben die Köpfe zusammenstecken, erkennt Waltraud, die Heldin des *Heimlichen Königreichs*, bereits am Kichern, ob es »etwas Gemeines« ist. Dann heißt es: Ärmel aufkrempeln, zupacken, draufhauen!

»Als der andere nochmals einen schmutzigen Witz zu machen versuchte, traf ihn ein Faustschlag«, lesen wir im zehnten Kapitel, wobei es leider nicht Waltraud ist, die zuschlägt, sondern einer jener feinen Frechdachse, denen Lutz in seiner 800seitigen *Frechdachs*-Tetralogie ein Denkmal setzt. (Ein Werk, das mit Danksagungen, gestaffelt nach der Anzahl der Ohrfeigen, die der angeblich 14jährige Verfasser vom Lehrer, Gruppenführer usw. empfangen hat, beginnt.)

»Manchmal hilft ein sauber gelandeter Kinnhaken mehr als die schönste Predigt«, lehrt Alfons Ruß in *Die Steine der kommenden Zeit*.

Dreckige Witze machen auch vor den Toren der Kirche nicht halt: Deckelbild eines Kinderbuchklassikers von Gerd Holm

»Wenn Dir jemand gemein kommt, um Dich zum Absturz zu bringen, dann hau' ruhig zu!« empfiehlt auch Lutz, »ob er es tut, weil er's selber nicht besser weiß oder weil er nicht leiden kann, daß Dein Flug gut und sauber bleibt, ist gleich.« Ruckzuck ist die Backe dick, und wer sich fragt, was die windige Symbolik soll: Die verdankt sich der Teilnahme des Verfassers an einer Veranstaltung, die als Zweiter Weltkrieg in die Geschichtsbücher einging.

»Im vergangenen Krieg flog ich einmal im Osten, und meine Maschine hatte vier schwere Bomben in den Schächten hängen«, erinnert sich der junge Priester in *Noch viel schöner, Ursula!*, seinem »Jungmädchenbuch von den Triebkräften des Lebens«. Doch kaum wird's spannend, bricht die Erzählung auch schon wieder ab. Ob es dem Vogel gelungen ist, im Osten seine Eier abzulegen? Lutz verrät es uns nicht. Vielleicht hat er's auch, nach Dichterart, längst vergessen.

Denn nicht um Prahlerei geht es dem Autor, sondern um das »Wunder des Werdens«. Und da das kleine Wissensgebiet mit seinen Kelchen und Stengeln schnell durchstreift ist, läßt der spätere Ehrenprälat, der zwischen 1942 und 1945 als Flieger reüssiert, zwischendurch gern den Motor an.

So zaubert Norberts Freund Josef nach der Nacht am Feuer immer wieder jenes »Bündel leicht angegilbter Schreibmaschinenblätter« hervor, das ihm »der Schwarze«, die (wie wir noch sehen werden) mehrfach gespaltene Priestergestalt der *Leuchtenden Straße*, in einem »steifen Umschlag« zugeschickt hat (»Josef hatte noch nie einen Brief bekommen ... Es war der erste! Und gleich so ein dicker!«): das Fliegertagebuch eines guten Freundes, dem Kaplan unendlich kostbar, »weil die Unterschrift, die er daruntersetzte, das eigene Leben war«.

Auch dieser Freund des Kaplans – das darf uns nicht wundernehmen – war ein Fan der Geschlechtskraft. »Nun hat aber Gott wie ein gewaltiger Konstrukteur den Menschen erschaffen und selber von seinem Werk gesagt, daß es gut, ja sehr gut sei«, lesen Norbert und Josef »mit glühenden Köpfen«, »dabei war die Geschlechtskraft«, die – flugtechnisch gesprochen – in die Ordnung der »gottgeschenkten Motoren« gehöre, »nicht ausgenommen«. »Diese gottgeschenkten Triebe – so nennen wir dererlei Kräfte – sind nichts Schlechtes; sie können gar nichts Schlechtes sein! Denn sie tragen den Firmenstempel des heiligsten Gottes.«

Einer der stärksten Motoren sei jener, »der einmal eine ganze Familie zum Höhenflug tragen soll«, der sogenannte Geschlechtstrieb. »Das Gewicht schlafloser Sorgennächte und harter Arbeitswochen (...) hängt daran. Gott sei Dank für den starken Motor! Herausgenommen aus dem Rahmen von Familie und Ehe aber ist all seine Kraft sinnlos vertan. Er heult

Brevier für angehende Schläger:
Frechdachs lernt Anstand, *1953*

dann wohl auf wie jener Motor am Prüfstand«, von dem das Tagebuch viel Albernes zu erzählen weiß, »aber bleibt schwer auf der Erde kleben, geschweige, daß er noch andre mit zur Höhe reißt.«

»Am Himmel fliegen große Eisenvögel donnernd um die Welt«, singt Juliane Werding auf ihrer ersten Langspielplatte und meint damit die modernen Boeings. Wer einmal in einer Boeing Platz nehmen durfte, ahnt, welche Triebkräfte im Spiel sein müssen, bis solch ein Ungetüm sich in die blaue Luft erhebt. »Der Mißbrauch freilich« – ein Begriff, der in der kirchlichen Kinderliteratur eher flapsig daherkommt – »führt zum Absturz! Aber deswegen«, mahnt das Fliegertagebuch, »darf man doch nicht sagen: Die Geschlechtskraft sei etwas Schlechtes!«

»Ich habe mehr als einen Jungen kennengelernt«, leitet der Verfasser mit einem Looping auf die Gnadenmittel über. »In irgendeiner Wüste der Leidenschaft ging dessen Lebensflug kläglich zu Ende – weil er vergessen hatte zu tanken!« Dabei gibt es unzählige Tankstellen im Lande, und bevor die Zapfsäulen feierlich entriegelt werden, läuten nach alter Sitte die Glocken.

Gottlob brauchen wir Menschen uns nicht mit Petroleum vollaufen zu lassen, sondern »den Herrn, der hier unter Brotsgestalt freiwillig unser Gefangner ist« – wie Kaplan Lutz es unter dem Schnappschuß eines Tabernakels in einer längst vergessenen Knabenzeitschrift empfiehlt –, bloß »öfters einmal besuchen«.

Lutz liebt das Spiel mit dem Feuer. Bereits 1952 legt er mit *Der Dohlenhof brennt* eine »Erzählung für Mädchen« vor. 1957 folgt *Der Feuerregen*, ein »Firmungsbuch für Jungen«. Das Buch sei »so spannend wie ein Kriminalroman«, urteilt »Stadt Gottes«, die Familienzeitschrift der Steyler Mission. Daß so mancher Bub trotzdem lieber den *Dohlenhof* unterm Kopfkissen hat, verdankt sich dem Umstand, »daß einem beim Lesen vor Spannung bald die Hose platzt« – ein vom Verlag gestreutes Gerücht, der mit solchen Slogans auch Mädchenbücher wie *Theaterskandal im Altersheim* anbietet.

Knistert vor Spannung: Der Feuerregen, *1957*

Was aber tun, wenn der Hosenstall in Flammen steht? *Das heimliche Königreich*, das sich fast so prasselnd liest wie der *Dohlenhof*, weiß Rat. »Ein Gegenfeuer anzünden ist die beste, ja oft die einzige Rettung, wenn das Feuer der Leidenschaft aufflackt. Wenn dann ein unschöner Gedanke kommt, findet er nirgends Nahrung. Und sackt in sich zusammen.« Wen erinnerte das nicht an die »Daktari«-Doppelfolge »Der Busch brennt«? Dort rettet die Schimpansendame Judy mit einem kleinen Streichholz eine Nashornherde und später die Wameru-Tierstation.

Werfen wir einen Blick auf die Gegenfeuerliste für Mädchen, wie Lutz sie in *Das heimliche Königreich* zusammenstellt. »Zum Beispiel sticken, stricken, häkeln, einen Scherenschnitt anfertigen«, »ein Lied auf der Flöte spielen« und »beten!« (»Je mehr man betet, desto mehr kann man beten«, lautet ein altes Wort des Pfarrers von Ars, und »wenn man gebetet hat, schmeckt einem auch das Essen besser«, lehrt Hermann Skolaster, 1926 bis 1939 Professor für Homiletik an der Theologischen Hochschule der Pallottiner in Limburg.)

»Unser ganzes Leben«, vertieft Lutz in *Briefe an Ursula* die Problematik, sei »eine ›Handarbeit‹. Und zwar für Gott!« Und dem könne man »nichts Durchschnittliches, Fehlerhaftes, Halbvollendetes anbieten«. Und wir Buben? Auch uns helfen »kleine Tricks«. »Briefmarken ordnen, ein chemisches Experiment anstellen«; »etwas Interessantem zuschauen, am Rangierbahnhof zum Beispiel, an der Schleuse«; oder »eine Stange auf den Fingerspitzen balancieren«.

Nanu? Eine Stange auf den Fingerspitzen balancieren? Unwillkürlich denkt der Leser an *Peter legt die Latte höher* – jenes Vademecum, das der Arena-Verlag, zur vorläufigen Krönung seiner kleinen Geschlechterkunde, 1954 in Halbleinen vorlegt. »Ein Buch für Jungen zum Größerwerden« hat der Verfasser – nicht ohne Augenzwinkern – auf den Schutzumschlag schreiben lassen, auf dem dem Betrachter ein junger Mann mit dem Hinterteil ins Gesicht springt. Einer Körperregion, die in katholischen Kreisen »der Allerwerteste« heißt – da halten's die Katholiken mit den Pfadfindern.

Über seinen Allerwertesten hat der junge Mann eine Turnhose gespannt, denn in *Peter legt die Latte höher* geht's um Leibeszucht in ihren abscheulichsten Spielarten, per Reck oder Pferd, Medizinball oder Barren. (»Sport – was das überhaupt soll?« schrieb Walter Kempowski im Februar 1991 in sein Tagebuch. »Allenfalls Kutschenfahren, das gefällt selbst den Pferden, wenn sie so zu viert, sechst oder gar acht eine winzige Kutsche ziehen.«)

Wir lesen Anheimelnd-Unheimliches vom »Korbballspiel unter Kronleuchtern«, vom »Tanz der Pagen«, und in Kapiteln wie »Gischtende Brandung« oder »Pralle Segel« wird, typisch Lutz, zum hundertsten Mal das Märchen von den »drei Stengeln« erzählt. (Überhaupt ist Lutz ein Meister der Zweit- und Drittverwertung. Noch im Spätwerk *Guten-Tag-Geschichten für Sie und durch Sie vielleicht für andere*, das der Echter-Verlag 1984 herausgibt – das Geleitwort lieferte ein Dr. Meisenzahl, der den Verfasser ehrfürchtig neben Kafka stellt –, recycelt der vielleicht beste Kenner der Erektion, den die katholische Belletristik vor 1968 hatte, Mild-Versponnenes aus seiner Sturm- und Drangzeit und glüht dabei wie ein Milchbart.)

Kerle mit schiefem Kopf, hängenden Ohren und wackeligen Knien taugen nicht für das Reich Gottes!« hatte Alfons Ruß in seinem Zeltlagerroman *Die Steine der kommenden Zeit* dekretiert. »Ja, du Freund des grünen Rasens und des runden Leders und der Torlatte«, formulierte es Erich Rommerskirch in seiner Fahrtenerzählung *Jungen im Gottesreich* etwas gedämpfter, »die passen also sehr gut zusammen: das gebeugte Knie in der Kirche und die strammen Beine auf dem Rasen. Die gefalteten Hände und die geballten Fäuste des Boxers.«

Und so singt auch *Peter legt die Latte höher*, fröhlich wie die Lerche im Frühling, das Lied der Grätsche. »Sich an die Kandare nehmen« lautet das Motto der 205 aufgekratzten Seiten. »Fick dich selbst, dann fickt dich Gott«, würde man heutzutage – in den Umkleidekabinen und auf den Bolzplätzen – vielleicht sagen.

Wer »Augen und Ohren in Zucht«, wer – oben am Seil, unten auf der Matte – »die Tore seiner Phantasie« verschlossen hält, dem winkt süßer Lohn, wenn nicht Ruhm und Gold. Der kann es bis zum Polarforscher, Tiefseetaucher, Rekordflieger oder Geigenkönig bringen, wie vier der Lutzschen Traumberufe heißen, an deren Spitze der Priesterstand mit seinen verästelten Weihegraden, seinen fein abgestuften Ämtern und Rängen steht.

»Die Wasser, welche die größten Turbinen treiben, werden zuvor unerbittlich gestaut«, expliziert Lutz – mit einem stimmigen Bild aus Natur und Technik – das Gesetz der Mannwerdung, und der Romancier Jules Verne gibt ihm recht. »Wenn Kanoniere nicht Herren ihrer Kugeln sind, dann sind es keine Kanoniere mehr!« postuliert einer seiner Astronauten in *Reise um den Mond*. »Kommandiert das Geschoß den Kanonier, so muß man den Kanonier statt des Geschosses in die Kanone stecken.«

»Herr«, hatte der Sprücheklopfer Tertullian um 200 nach Christus gebarmt, »nimm mich zu harter Übung weg vom freien Spiel. Sondere mich ab zu strenger Zucht. Gib mir Zeit, mich tüchtig zu machen. Zwing mich. Plag mich. Mache mich müde.« Und, ergänzt Lutz neckend, »wenn wieder ein Tag vorüberging und Du sauber geblieben bist? Sag', macht Dich so etwas nicht froh?«

Und wenn wir trotz aller Plackerei schwach geworden sind? Dann sammelt sich, zwischen

Taschenbuchausgabe, 1966

zwei Samenergüssen, Kraft im Gebet. »›Ich will mich wieder tüchtig plagen; gib mir dazu neu Deine Gnade!‹ Solange Du ehrlich so zu Gott sprechen kannst, bist Du noch auf der leuchtenden Straße«, tröstet der Würzburger seine Pappenheimer, jene Schwachmaten, die »der Kampf um die innerste Sauberkeit bisweilen die Fäuste ballen läßt, daß die Knöchel weiß werden vor Schmerz«.

Die, kaum aufgewacht, »der Drache der Gemeinheit« anschnaubt, und, kaum eingeschlafen, »die Riesenmuschel der Unsittlichkeit« umgarnt. (»Ja, der Gott des Traumes«, läßt Karl May die reizende Madelon Köhler in *Die Liebe des Ulanen* seufzen, »zeichnet mit phantastischen Stiften ...«)

Es lebe der Unterleib: Lutz-Fibel von 1954

Zuweilen liest sich *Noch viel schöner, Ursula!* fesselnder als *Das Dschungelbuch*. »Jäh aufbrüllend fuhr er hoch, duckte sich zu furchtbarem Sprung«, hören wir im 42. Kapitel von einem Leoparden, der die kleine Gisela bespringen will. Die hatte sich aus Jux und Dollerei in den Käfig geschlichen und dem schlummernden Dschungelräuber kleine Steinchen ins Gesicht geworfen.

»Denk nicht«, schließt Lutz sein Gleichnis, »daß Du den Geschlechtstrieb jemals so unumschränkt in die Gewalt bekommen hättest, daß Du Dir alle möglichen Unklugheiten und Un-

beherrschtheiten leisten kannst! Unerwartet springt Dich die Leidenschaft an, und Du sitzt in der Klemme und kommst nicht mehr frei! Vor allem gilt es, die Absperrgitter der Schamhaftigkeit nicht zu überspringen ...« Absperrgitter, deren Stäbe nicht aus Weingummi und Marzipan, sondern aus Verboten bestehen, demselben Material, aus dem auch »die Seitengitter der Zugbrücke, die ins heimliche Königreich führt«, geschmiedet sind. Denn »wenn der Feind erst mal in der Königsburg steht, ist es für eine Verteidigung zu spät«.

»Die Stärke einer Burg erkennt man daran, daß ihre Tore verschlossen liegen.« Dieses Diktum verdanken wir nicht Baron Bolligru, sondern Gertrud von le Fort, der Autorin des zweibändigen Bildungsromans *Das Schweißtuch der Veronika* (1928). In dieselbe Kerbe schlägt Margarete Seemann, die 1932 mit *Hampelmann, führ uns an!* in den österreichischen Kinderbuchhimmel auffuhr. »Vergiß nicht, Mädchen, wer Du bist, / Und daß eine Krone Dein eigen ist«, reimt sie irgendwo – es mag in *Blühender Dorn*, in *Benedeite Erde* oder *Gesegnete Brücken* gewesen sein – und verneigt sich damit vor jener Hoheit, der auch Lutz die Honneurs macht.

»Vergiß nicht, daß Du ein heimliches Königreich besitzt, auch wenn keine Landkarte davon erzählt und kein wappengeschmückter Stein seine Grenzen bezeichnet«, instruiert der inzwischen Dreißigjährige seine weibliche Leserschaft, die er sich »wie scheues Edelwild« denkt (mehrfach beschwört er das schöne Bild vom Rehrudel auf Futtersuche). »Und laß Dir da draußen von keinem die Krone wegreißen!« Denn – und hier läßt ein fröhlicher Fanfarenstoß die Seiten erzittern: »Wer den Geschlechtstrieb beherrscht, ist König über alle Triebe.«

»Das Haupt, das heimliche Kronen trägt, das beugt sich dem Kusse so schwer«, sinniert der fromme Chevalier und gerät im 17. – »Feuer! Feuer!« überschriebenen – Kapitel ins Verseschmieden: »Ungezählte Kostbarkeiten sind der Welt geblieben: / Blumen, Sterne, Nachtigallen ... / Und aus allen Menschen jene, / Die noch starke Reinheit lieben.«

Klingt sehr lyrisch – aber ist was dran!« möchte man mit Pater Leppich rufen. Hatte *Die Leuchtende Straße* noch einem Bienenkorb voller Anekdoten, Winke und Weisheiten geglichen, übt sich *Das heimliche Königreich* – halb Predigtreigen, halb Parabelkranz – »in Gemählden, die eine gewisse Zartheit des Pinsels erfordern« (C. M. Wieland). Ein Unterfangen, das oft nur Anfängern und alten Meistern glückt. Und Lutz besteht. Sein »Buch für Mädchen vom Geheimnis des Lebens« sei »mit feinem Verstehen geschrieben«, befindet der Niedersächsische Lehrerverband, und gestatte der Leserin, peu à peu »in alle Feinheiten ihrer jungen Regungen einzudringen«.

Das Büchlein wird, wie das Debüt, ein Bombenerfolg. Man ist in eine Marktlücke gestoßen, und schon bald wird »der neue Lutz« – 1953/54 sind es drei Publikationen jährlich – von der Kritik stürmisch begrüßt. Vom »Jungscharführer« bis zur »Wacht«, vom »Paulinus« bis zur »Virgo Mater«, vom Berliner »Petrus«- bis zum Freiburger »Konradsblatt«. Selbst die »Katechetischen Blätter« kriegen sich nicht mehr ein. Kein Wunder, daß die Auflage schnell die Millionengrenze überschreitet.

In die Jahre 1951 bis 1957 fallen neun Buben- und fünf Mädchenbücher, deren sechstes und letztes, *Wirbelwind lernt Anstand*, 1965 die Druckerei verläßt. Es sind sieben fruchtbare Jahre – Jahre, in denen sich die eingangs erwähnten »Eierstöcke im Hirn« zu bewähren scheinen. (Obgleich, wie deren Entdecker, der Dichter Peter Hacks, vorsichtig relativiert, die Natur »im menschlichen Gehirn keinen Eisprung vorgesehen« habe.)

Bis in die sechziger Jahre hinein ist Lutz, der mit *Frechdachs sorgt für Fröhlichkeit* sogar eine veritable Witzesammlung vorlegt (»Junge, mach keine guten Witze!« blafft Feldmarschall Blücher in *Die Liebe des Ulanen* den Husaren Hugo von Königsau an: »Du weißt, die schlechten verzeihe ich, aber die guten bestrafe ich mit Lattenarrest!«), fleißig wie selten einer. Gut möglich, daß ihn der Neid auf Allrounder wie Willibrord Menke beflügelt: Der westfälische Krankenhauspater wirkte in seiner Freizeit als Redakteur der Jugendzeitschrift »Manna« und schuf nebenher zahlreiche Novellen, Märchen und Dramen, darunter Fesselndes wie *Das Geheimnis um Illerburg* – zwei Jungen kämpfen mit Menschenräubern, Todesstrahlen und Düsenjägern – und Erotisches (*Gottesmägde in deutschen Landen*). Daneben fand Menke immer wieder Zeit, »Erlebtes und Erlauschtes« aus der Beduinen-, Indianer- und Drachenkindermission (*Li und ihre Freundinnen*, *Din, Lu und Feng*, *Ki und Fu* usw.) zu Papier zu bringen. Das hat ihm zwar keinen Eintrag ins *Biographisch-Bibliographische Kirchenlexikon* beschert, aber dort ist ja auch, wie oft man zwischen Otto Ritter von Lutterotti († 1991) und Luxurius von Sardinien († 303) hin- und herblättert, Lutz nicht zu finden.[2]

Die Trecker haben längst aufgehört zu tukkern. »Und in diese Stille fiel, unwiderstehlich wie der Abendwind, die Stimme des fremden Kaplans ...«

Diesen Kaplan, ein erotisch aufgeladenes Spiegelbild des Verfassers, sollte man nicht allzu ernst nehmen. Lutz gebührt das Verdienst, den mehrfach gespaltenen Prediger – als multiplen Erzähler – in die konfessionelle Kinderliteratur eingeführt zu haben. Bereits in *Die leuchtende Straße* spricht er kunstvoll in Zungen, hält seine kuriosen Vorträge mal als Kaplan, dann wieder als »Onkel Felix«, schlüpft – via »Fliegertagebuch« – in die Rolle eines Toten oder fährt in den Körper eines alten Mütterchens mit »schwarzgearbeiteten Händen« und »hundert Runzeln«. Eine Maskerade, die besonders seinen Mädchenbüchern Pep und Farbe verleiht.

»Manchmal kommt es auch vor, daß das männliche Glied, das ebenfalls zu den Geschlechtsorganen gehört, besonders stark durchblutet wird. Das ist dann ein unangenehmes Gefühl«, klagt Onkel Felix, als er mit Norbert und Josef »einen kleinen Bummel am Flußkai« unternimmt. Es sind Stellen wie diese, die Berthold Lutz als Kenner der Erektion und gleichzeitig als Frohnatur ausweisen, die der Schöpfung ihre Narreteien nicht krummnimmt. »Nichts anderes geht hier vor, als was Ihr im Frühjahr im Garten beobachten könnt: Da steigt in den Bäumen der Saft – wenn Du einen Zweig abschneidest, siehst Du es ganz deutlich! – und läßt die Blätter- und Blütenknospen immer mehr schwellen, bis sie sich eines Tages öffnen in all ihrer Pracht.«

»Die Natur regelt sich hier schon selbst«, beruhigt der Onkel seine – wie kleine Flitzebögen – gespannten Zuhörer. »Im Übrigen kümmert man sich am besten weiter gar nicht darum.« Der Meinung ist auch Klemens Tilmann, ein Trittbrettfahrer, der im Falle einer Versteifung zur Vollbremsung rät. »Hände weg! Das Wachstum der Natur darf man nicht stören!« empfiehlt er in *Weißt du schon ...?*, einer »Schrift von den Geheimnissen des Lebens«, die im Kielwasser der *Leuchtenden Straße* zahlreiche Auflagen erlebt. (Auch der Erziehungsberater Gerhard Pfahler malt in seinem 1960 erschienenen Taschenbüchlein *Wie sag ich's meinem Kinde* ein trübes Bild: »So groß bist du also jetzt schon, mein Junge ... ein kleiner junger Mann. Aber paß auf, reibe einmal kräftig mit deinem Finger in deinem geschlossenen Auge herum. Du merkst, es brennt und schmerzt und wird

---

2 Auch Lutzens Vorläufer und Epigonen sind dort mit keinem Wort erwähnt. Das Standardwerk aus dem Hause Traugott Bautz, das von abseitigen Einträgen überquillt, kennt weder Johannes Leppich, das »Maschinengewehr Gottes«, noch Gereon Goldmann, den Erfinder der »Latrinenpredigt«. Immerhin ist der von seinen Verehrern als »Bulldozer Gottes« titulierte »Speckpater« mit einigen seiner heute fast vergessenen Heldentaten berücksichtigt.

getrübt. Sieh, solche Organe mit so feinen Nerven sind uns anvertraut und man ist doch wohl ein Esel, damit so unbehutsam umzugehen. Das gilt auch für dein Geschlechtsorgan.«)

Sexualhygienische Ansichten, wie sie in den Siebzigern seltener werden. Gegen Selbstbefriedigung spricht nun offiziell nichts mehr, außer, daß sie zum Egoismus erziehe. »Wer etwa zur Onanie auffordert, verstößt gegen ein Gesetz, das in den Menschen, als geselliges Wesen, eingepflanzt wurde«, mahnt der katholische Irrenarzt Dr. med. Hermann Dobbelstein in *Porno und Hasch*, einer trüb stimmenden Sammlung von Fallbeispielen, die die Herderbücherei 1971 als Paperback herausgibt und in der fingerdicke Hanfseile, Marzipanpüppchen in Körperhöhlen und spontane Hodenwanderungen vorkommen.

Dr. med. Hermann Dobbelstein

Heute verteilen katholische Randgruppen – Stichwort: Weltjugendtag – ungescheut Hilfsmittel, die zur Nächstenliebe aufstacheln. Auch wenn Geselligkeit großgeschrieben wird: Bevor die Zeit der FKK-Messen und Swinger-Gottesdienste anbricht, muß noch viel Meßwein die Prälatenkehlen hinabrollen – sofern der Petersdom nicht vorher »als Prunkbordell für schwule Saudis« unter den Hammer kommt.[3]

Oder die Reise in jene Richtung geht, die Erik Ritter von Kuehnelt-Leddihn – Erfinder der Parole »Right is Right and Left is Wrong« – in *Der gefallene Engel*, dem dritten Teil seiner »Satanstrilogie«, in epischer Breite herbeischwadroniert. In seinem Roman aus den späten Dreißigern, zuletzt Anfang der Sechziger bei Herder neu aufgelegt, wagt die »einsame Stechpalme«, wie Ernst Jünger den polyglotten Ritter nannte, die Prognose, daß eines nicht fernen Tages »das Abendmahl anstatt mit Wein mit Himbeersaft« gefeiert werde.

Daß Himbeersaft, in Mengen genossen, aphrodisierend wirkt, weiß jedes Kind. Falls Kuehnelt-Leddihn, der bei der großen Himbeersaftverschwörung Satan am Werke sieht, recht behält, dürfen wir uns schon bald (seine Dystopie spielt 1997 ff.) auf klimatische Umbrüche freuen: Aus den Beichtstuhlfenstern hängen tropische Früchte, und statt der Tauf- und

Erik Maria Ritter von Kuehnelt-Leddihn

Weihwasserbecken erfrischen uns gewaltige Wasserfälle.

Doch nicht nur Kuehnelt-Leddihn, der 1933 mit *Jesuiten, Spießer, Bolschewiken* debütierte und sechzig Jahre später, auf der ersten »Sommeruniversität« der »Jungen Freiheit«, letzte Erfolge feierte, zerbrach sich über die Kirche der Zukunft den Kopf. Längst machen sich auch Fernsehlieblinge wie die Kastelruther Spatzen, die inzwischen ihren eigenen Käse herstellen,[4] für fickende Priester stark: »Wir sind alle zum Lieben geboren«, sang Norbert Rier,

3 Wie Hermann L. Gremliza, in »konkret« 5/2009, es prophezeit.

4 »Kastelruther Spatzenkäse«, 50 % Fett i. Tr.

Kopf der »Dolomiten-Beatles«, schon 1996 im »Lied der Dornenvögel«. »Und wer stärker ist als die Liebe, der werfe den ersten Stein.«

Und Norbert? Die Ferienbekanntschaft des jungen Kaplans? Am Ende der heiteren Sommergeschichte – »der Schwarze« ist mit seinen Buben in einer Staubwolke verschwunden – hat der Heiland im Herzen des Jungen Wohnung genommen, und im Oberstübchen kreisen froh die Gedanken. Wer weiß, vielleicht wird er in ein paar Jährchen selbst einmal Kappi sein, wie die alte, schöne Koseform für Kaplan lautet? Und während andere die Bretter zu ihren Hochzeitsbetten hobeln, in einer Wolke von Buben dahinschweben, einem großen Sommer entgegen ...

»Wenn Gott ihn brauchen könnte, – er würde bereit sein ...« Ein zauberhafter Schlußakkord, dem – auf der letzten Seite – noch ein Paukenschlag folgt: »Der gleiche Verfasser, der dieses Buch für Dich geschrieben, schreibt auch für Dich eine Zeitschrift. ›Unser Guckloch‹ heißt sie und Du siehst schon am Titel, daß sie lustig ist ...«

Ich wurde vor Glück fast ohnmächtig. Berthold Lutz hatte eine Bubenzeitschrift geschrieben! Die mußte ich haben! Alle Hefte, und wenn es Zehntausende sein sollten. Doch die Suche führte zur sofortigen Ernüchterung. Niemand schien »Unser Guckloch« zu kennen, und auch im Internet wurde ich in fünf Jahren nur einmal fündig. Dabei stand doch in der *Leuchtenden Straße*, zumindest in meiner Erstausgabe von 1950, daß »über 100.000 Buben« die Zeitschrift »begeistert lesen«.

Ein lieber Freund versuchte mir weiszumachen, die »Guckloch«-Bestände seien längst geschreddert. Schließlich handele es sich um brisantes Material, vergleichbar den Stasi-Unterlagen. Er rief mir die Vorfälle rund um das Priesterseminar St. Pölten in Erinnerung; und außerdem, jetzt, wo der Tittmoninger Papst sei, dessen Bruder in der Regensburger Domspatzenszene ... Den Rest könne ich mir denken.

Das war im Herbst 2008. Wenig später verblüfften mich beinahe täglich die sonderbarsten Meldungen aus Klöstern und Eliteinternaten –

»BRAVO«-Poster zum Weltjugendtag 2005

und, seltsam, fast immer waren Örtlichkeiten mit sprechenden Namen wie Pielenhofen, Großkrotzenburg oder St. Blasien im Spiel. Die Kommentare der zuständigen Seelenhirten waren nicht minder originell, etwa die jenes Militärbischofs, der die Parole ausgab: Nicht der prügelnde oder piesackende Priester sei pervers, sondern die Situation, in der er lebe ... Doch dies nur am Rande, und damit zurück ins Jahr 2008.

Ich hatte die Hoffnung fast aufgegeben, da gelang es dem Sakropopforscher Frank Apunkt Schneider, eine Kiste mit »Gucklöchern« aus den Beständen des Bamberger Priesterseminars zu bergen – offenbar eine regelrechte Schatzkammer. Wer wie ich die besten Jahre seines Lebens kniend verbracht hat und sich im Hause des Herrn bis heute die Gelenke erfrischt, kann nachfühlen, was in mir vorging, als der Postbote die Treppe hochstieg und mir die Kiste aushändigte.

Den Karton aufreißen und in den heißersehnten Heften wühlen war eins. Was beim Stöbern zunächst ins Auge fällt, sind die vielen Pin-ups. Meßbuben von vorn, Meßbuben von hinten. Zu zweit, zu dritt, zu viert. Auf der Altarinsel mit Wein- und Wasserkännchen, beim Rumkalbern im Kreuzgang, unter ziehenden Wolken beim Prozessieren. Kurz, in allen nur denkbaren Posen. Dazwischen anonyme Jungs in Bade- und Turnhose, beim Bockspringen, Grashüpferstreicheln, Fahrradaufpumpen. Und neben den Tafeln allerlei Kleinformatiges, wie geschaffen für Autospiegelanhänger und Geldbörse: Damals trugen Seelsorger, die auf sich hielten, noch das Bildnis ihres Lieblingsministranten im Portemonnaie (oder versteckt im Herrenmedaillon).

Mit Rauchfaß und Schiffchen: »Guckloch«-Pin-up

Kenner der katholischen Kinder- und Jugendpublizistik dürften spätestens hier mit den Augen plinkern. Gilt »Unser Guckloch« doch als schamlose Kopie der Bubenzeitschrift »Am Scheidewege« – ein verdientes Monatsblatt, das, im Ersten Weltkrieg gegründet, in den Sechzigern trotz des hohen Pin-up-Anteils sein Erscheinen einstellen mußte, wahrscheinlich aufgrund der harten »Guckloch«-Konkurrenz.

»Hallo, komm her, unser neues Heft ist da!« Mit diesem Ausruf beginnt eine Debatte auf der Rückseite des »Scheidewegs« vom November 1937, die sich zwischen fünf Streunern wie folgt entwickelt: »Junge, ist das wieder in Ordnung! Sieh dir nur das erste Blatt an! – Halt, laß mich das Bild genauer sehen: St. Martin! Das Foto hat mir noch in meiner Bude gefehlt! – Was stehen diesmal für Geschichten drin? Die muß ich zu Hause lesen. Die vorigen waren ganz groß.« Darunter prangt die Losung: »Sie alle lesen froh den Scheideweg.«

Momentchen. Wie kann man froh eine Zeitschrift lesen, die »Am Scheidewege« heißt? Klingt das nicht nach saurem Apfel? Nach Mädchenkram und Frauenarzt? »Unserm Guckloch« hingegen, der Schrift aus dem Arena-Verlag, sieht man, wie der Chefredakteur richtig schreibt, schon am Titel an, »daß sie lustig ist«. Denn zwischen den Pin-ups tobt das Lumen Christi: Sachen zum Lachen über das Geheimnis des Glaubens und das Wort, das Fleisch geworden ist!

In Gestalt von Rätseln und Liedern, als »fröhliche Lagergeschichte«, in der sich traute Stunden im Zelt mit komischer »Gabelspießaktion am Bach« abwechseln, aber auch als »superharter Guckloch-Krimi«, als Gespenster- und Science-fiction-Story (»Wenn Du Dir einmal das Bild ausmalen würdest, daß es keine Priester mehr auf der Welt geben würde, es würde Dich schaudern!«). Mit einem Wort, jede Menge Spaß und Abenteuer, angesiedelt zwischen Sakristei und Opfertisch.

Hier »wogen die Glocken, dröhnen die Klöppel« (Th. Mann) – und das schönste, die Geschichten sind, bei aller Spannung, immer bildend. Geschichten wie die, in der sich »Toni und Franzl, zwei echte Ministrantenspitzbuben«, mit Lehrer Rumpel und Direx Kreidekloß über den größten Zungenbrecher aller Zeiten in die Wolle kriegen. Ist es das Confiteor, wie Toni und Franzl meinen? Oder das Suscipiat, wie Lehrer Rumpel und der Direx behaupten? Wem bei Suscipiat und Confiteor der Kopf qualmt, keine Bange. Einfach ein paar Seiten weiterblättern und im »Ministranten-ABC« nachschlagen. Dort werden Monat für Monat die schönsten Fachbegriffe erklärt. Das Purificatorium[5] etwa, oder das zur Inzensation[6] unerläßliche Thuribulum,[7] das Sekret,[8] die Sutanelle,[9] das Ziborium.[10]

Nicht nur die Wissenschaft vom lebendigen Gott, auch das Neueste aus Forschung und Technik (»In Gangula-na-Bodio, am Ufer des Dunga-Flusses, steht die erste Hochschu-

5 Kelchtuch.
6 Beräucherung.
7 Rauchfaß.
8 Stillgebet.
9 Halblanger Priesterrock, auch Priesterzivil.
10 Kelch zur Aufbewahrung der heiligen Kommunion.

le für Elefanten ...«) füllt die wertvollen Seiten. »Habt ihr stets einen V.W. zu Verfügung?« neckt Lutz seine kleinen Leser, die natürlich wissen, daß V.W. »Vorsatz der Woche« heißt. Schon das bloße Durchblättern bereitet Freude. »P.P. Arnold – Negerin im warmen Pelz«, »Wenn der Stubenvogel Schnupfen hat« oder »Hammer und Sichel – Die Geschichte eines Emblems« lauten typische Schlagzeilen, allerdings aus der – deutlich schwächeren – Spätphase des Magazins. Da war Lutz längst ausgeschieden, wenn auch vereinzelte Beiträge – »Affen vertragen keine Rockmusik« zum Beispiel, oder »Haben Tiere ein Verhältnis zur Wagenfarbe?« – immer noch seinen Geist atmen.

»Gucklochleser wissen, daß jedes Heft auf lange Sicht hin geplant wird und jeder einzelne Beitrag oft unter zwanzig und dreißig anderen ausgesucht ist und daß dann immer noch daran herumgefeilt wird, bis er auch den letzten Anforderungen genügt«, teilt Lutz wortgewaltig in einem Rechenschaftsbericht mit. Zu diesem Zeitpunkt läßt er sich längst dicke episkopalische Extrawürste schmecken. Julius Döpfner, der gelegentlich selbst im »Guckloch« publiziert, hat den zehn Jahre Jüngeren, den er am 2. Advent 1949 im Würzburger Kiliansdom zum Priester schlagen durfte, »für literarische Aufgaben« freigestellt. Dem überlasteten Kaplan drohten die »rund dreitausend Stunden Arbeit, die monatlich nur für das Guckloch geleistet werden«, über den Kopf zu wachsen.

Arbeitsstunden, die vor allem im Schleifchenbinden und Briefmarkenanlecken bestanden haben dürften, denn die Buben werden von der Schriftleitung notorisch beschenkt. Schon in Heft 7 vom Juli 1948 wartet Lutz mit dem ersten Preisausschreiben auf, und als Hauptgewinn winkt, zwei Wochen nach der Währungsreform, ein Säckchen mit 40 Reichsmark. (Noch 25 Jahre später kann man wertvolle Preise abstauben: elektrische Rasierapparate, Markenfüllfederhalter oder – die hätte ich auch gern! – zehn Spiele »Aktenzeichen XY ... ungelöst«). Kein Wunder, daß die Antworten waschkorbweise eintreffen, auch dann, wenn die Fragen knifflig sind.

»Bist Du dafür, daß ein Junge, der sich in der Kirche ungezogen benommen hat, vom Kirchenvogt während der heiligen Messe geschlagen wird?« Oje, schwer zu sagen. Auch Fragen wie jene, was Gott wohl lieber mag: wenn man ihn mit gefalteten oder verschlungenen Händen anruft, sind nicht leicht zu beantworten. So schreibt Rudolf aus Ulm in einem »feinen Brieflein«, das könne man halten wie ein Dachdecker. »Das erste bedeutet doch schließlich

Vom Zauber blanker Bubenbeine: Frühe »Guckloch«-Cover bezeugen einen feinen Sinn fürs Pädofiziale

das Anstreben der Seele gen Himmel, während das zweite unser enges Verbundensein mit Gott bezeichnet«, begründet er seine interessante Auffassung, kann damit aber keinen Blumentopf gewinnen.

Das mag der Tatsache geschuldet sein, daß Rudolfs Antwort – wie jede zweite, die zum Abdruck gelangt – im typischen Lutz-Sound verfaßt ist, nicht anders als die meisten Leserbriefe. Exakt 9856 sollen es 1951 gewesen sein. »Man hat hier nicht mehr den Eindruck einer Zeitschrift mit Massenauflage«, schreibt inkognito ein »ausländischer Journalist«, sondern »eines köstlichen Filmes, der eigens für einen Freund gedreht worden ist«. Und ein Pfarrvikar Berger, der alle vier Wochen die frischen »Gucklöcher« an seine Jungschar ausgibt, ächzt: »Die Buben haben mir fast die Haut heruntergetan. Selbst die Eltern können es nicht erwarten.« »Schau, schau«, heißt es im Mai 1968, als eine parfümierte Karte im Briefschlitz steckt, »sogar ein Mädchen liest das ›Guckloch‹«. Ein Mädchen, das, wie Interessierte der Rubrik »Die letzte Spalte« entnehmen, Maria Blumenstingl heißt.

Das Treibhaus, in dem das schwüle Blatt, das nicht nur Bubenherzen höher schlagen läßt, aus einem dünnen »Jungschar-Rundbrief« erblüht und bald prächtig gedeiht – rechtzeitig zur Währungsreform stellt man von acht auf zwölf, wenig später auf 32 Seiten um –, steht im Obstgarten der Familie Popp. Als Redaktionsstube dient ein alter Gartenschuppen.

Der Sohn des Hauses wird vom Würzburger Vormundschaftsgericht vorzeitig für volljährig erklärt. Nur so kann der Buch- und Zeitschriftenvertrieb Georg Popp das kleine Schiffchen, zu dessen Kapitän der Popp-Freund Lutz ernannt wird, heil über die Klippen der Währungsreform bugsieren. Keine zwölf Monate später prüft Popp junior bereits – unterm Pult, während der Vorlesungen an der Universität – die Fahnen für *Die Leuchtende Straße*.

Lutzens Leitfaden »für Jungen vom Geheimnis des Lebens« wird das erste Buch des neu gegründeten Arena-Verlages – und dessen erster Bestseller, dem mit den beliebten *Frechdachs*-Büchern rasch weitere folgen. 1972 kann Georg Popp sogar den Deutschen Jugendbuchpreis in

»Über allem wacht der vielbeschäftigte Chef«: Georg Popp in seinem Büro, ca. 1958

Empfang nehmen: für *Krabat*, die neueste Arbeit des *Räuber Hotzenplotz*-Dichters Otfried Preußler, der sich noch 15 Jahre vorher (in die *Die kleine Hexe*) zwar nicht für die Hexen-, aber für die Bücherverbrennung starkgemacht hatte.

Silvester 1960 scheidet Berthold Lutz – die Pflichten drohen ihn inzwischen aufzufressen – aus der Schriftleitung aus. Nicht nur, daß er in zehn »Guckloch«-Jahren fast 20 Kinderbücher verfaßt hat, zwischen 1957 und 1959 stampft er auch noch, sozusagen im Vorbeige-

hen, 260 Pfarrbüchereien aus dem Boden. Von denen 2005 noch über 200 in Betrieb sind – so steht's im »Würzburger Katholischen Sonntagsblatt« vom 2. Oktober 2006.

Lutzens Nachfolger wird Barthold Strätling, der das Traditionsheft bis 1968 leitet. Jenes Jahr, in dem, wie das November-Editorial mitteilt, »endlich auch der katholische Sauerteig aufgewacht« ist und »in sich zu gären« beginnt. Wie problematisch es für das Gemeinwesen ist, wenn der Teig erwacht, hatten die Brüder Grimm in *Der süße Brei* erzählt – eine Warnung, die an Barthold Strätling vorbeigegangen sein muß: Der läßt 1968 seine Thesensammlung *Geschlechtserziehung als Auftrag der Schule* erscheinen, zum Druck befördert vom pallottinereigenen Lahn-Verlag, denn der März-Verlag, der zuständig gewesen wäre, existiert noch nicht.

Unter Strätling, der das mittlerweile 52seitige Magazin mit wehenden Fahnen der neuen Zeit und damit dem Untergang entgegenführt, müssen über Nacht nicht nur der sinnliche Name, sondern auch die Pin-ups weichen. (Die schöne Sitte des Ministranten-Pin-ups sollte Mitte der Siebziger im Fachblatt »Leuchtfeuer Ministrant« eine späte, heftige Blüte erleben, dank Pater Diethard Zils, einem Dominikaner, der mit seinen Mannen im Kölner Raum ohrenbetäubende Beatmessen feierte.)

Aus »Unser Guckloch« wird »Das neue Guckloch«, eine »moderne Jugendzeitschrift«, die sich in ihrer Fortschritts- und Technikgläubigkeit kaum vom Schund der Konkurrenz unterscheidet – mochte dieser sich »Mücke«, »Stafette« oder »Flohkiste« nennen. Der Ära Strätling folgt ein Lustrum des Niedergangs, und im März 1973 darf die Lackaffenkapelle Eksepton eines der letzten trostlosen Cover zieren.

Womit unsere Pilgerreise in die wunderbare Welt der katholischen Aufklärungs- und Anstandsliteratur an ihr Ziel gelangt wäre. Zumindest, was den Forschungsstand bis Ende 2010 betrifft. Zu jenem Zeitpunkt war der sechste und letzte Teil der großen Berthold-Lutz-Hommage, deren durchgesehene Fassung hier endet, auf 20 reich illustrierten Seiten in der Zeitschrift »konkret« erschienen.

Dieser ersten Verbeugung vor Deutschlands größtem Kinderbuchkaplan sollten noch zwei weitere folgen. Eine in Form eines Hörspiels, die andere in Gestalt einer bunten Berthold-Lutz-Revue. Das Schauspiel Dortmund hatte mich, ein Jahr nach Lutzens Hintritt, eingeladen, dem Oswalt Kolle der katholischen Sexuallehre eine Art Weihespiel auszurichten – ein Requiem, das dann auch, mit viel Musik und Tanz, unter dem Titel »Komm in meinen Wigwam« zur Aufführung gelangte.

Es war eine stürmische Herbstnacht – die Proben zur großen Lutz-Revue waren in vollem Gange –, als ich, nach Feierabend und leicht angetrunken, auf der Webseite eines Gebrauchtbuchanbieters die Worte »Unser Guckloch« in die Suchmaske eingab. Zwar hatte ich schon öfters nach alten »Gucklöchern« gefahndet, war aber nie über zwei, drei Einzelhefte hinausgekommen. Nun erzielte ich plötzlich Treffer um Treffer, und bereits nach einer Viertelstunde hatte ich mehrere Jahrgänge in meinen Besitz gebracht. Ich klickte die halbe Nacht auf »Kaufen«, denn inzwischen hatte ich, beim selben Anbieter, gewaltige Mengen der Zeit-

Rückkehr der Pin-ups: Stimmungsvolles Beispiel aus »Leuchtfeuer Ministrant«

schriften »Voran«,[11] »Leuchtturm«[12] und »Am Scheidewege« entdeckt.

Am nächsten Morgen war mir das Glück beschieden, einen dreistelligen Betrag an die Kölner Pax-Bank überweisen zu dürfen,[13] und wenige Tage später brachte die Post zwei gut verschnürte Pakete ins Haus. Nachdem ich die Verschnürung gelöst und die Ware begutachtet hatte, stand fest: Ich war, was die kirchliche Heftchenkultur anbetraf, Besitzer einer fast geschlossenen Sammlung.

Die Produktion der Jahre 1948 ff., einschließlich längst vergessener Vor- und Nachläufermagazine, lag vor mir. Obenauf, nahezu druckfrisch, 13 Jahrgänge »Leuchtfeuer Ministrant«. Ein Anblick, der mich – als säße ich in einer Rakete – zurück ins Jahr 1972 katapultierte. »Leuchtfeuer Ministrant« war unsere Zeitschrift, ein dünnes vierfarbiges Heftchen, das zum Mitnehmen in der Sakristei auslag, so etwas wie das »Happy Weekend« der Ministrantenszene. Hier lernte man Gleichgesinnte kennen und konnte sich zu religiösen Spielen verabreden.

Hier erfuhren wir »Minis«, wie wir Ministranten von der Redaktionsleitung genannt wurden, das Neueste über ungewohnte Praktiken des Glaubens, frische Gebete und was sonst so los war im Meßdienermilieu. Dazu Rätsel und Witze. In der Mitte gab es sogar ein kleines Poster. Hier waren nicht etwa Brian Conolly von Sweet oder Noddy Holder von Slade zu finden, sondern Schnappschüsse von Usambaraveilchen, Eichkätzchen und Kruzifixen im Gegenlicht: Motive, die sich im Kinderzimmer über dem Weihwasserbecken prima machten.

Was ist schon Suzie Quatro gegen die Muttergottes, mochten sich die Redakteure gedacht haben, und so gab es immer wieder üppige Fotostrecken, auf denen die »Mugo«,

Inserat aus »Leuchtfeuer Ministrant«

wie wir die Muttergottes heimlich nannten, zu bewundern war. Die Mugo war meist aus Holz, manchmal auch mund- und fußgemalt. In puncto Verlockung allerdings kein Vergleich zu den Jungfrauen und Madonnen, die einen aus dem Quelle- und Neckermann-Katalog anlachten.

Die Idee, der Meßdienerschaft ein eigenes Heftlein zu schenken, ein Heftlein, das im Handel nicht zu haben war und dessen Lektüre nur den »Happy Few« – uns, die wir für die Gastspiele des Herrn den Backstage-Paß besaßen – vorbehalten blieb, soll den Machern, einem Kreis um den Bad Emser Ge-

11 »Voran«: Zeitschrift der Jungenschaft im Bund der Deutschen Katholischen Jugend.
12 »Leuchtturm«: ein Bruderblatt des »Gucklochs«, das Lutz sporadisch mit infantilen Gastbeiträgen bestückt und das, als Fachblatt für Oberschüler und Studenten, ebenfalls im Arena-Verlag erscheint.
13 Pax-Bank eG: eine Bank von Priestern für Priester, eine von vier Kirchenbanken in Nordrhein-Westfalen.

schäftsmann Hermann Lehmler, »nach der Fronleichnamsprozession 1947« gekommen sein. So will es der Mythos, nachzulesen im Jubiläumsheft 8/1957.

Über Nacht gründet man ein bebildertes Bubenjournal mit zunächst noch recht unklarer Stoßrichtung, das gleichwohl in kürzester Zeit eine Auflage von 105.000 Exemplaren erreicht. »Wir unter uns« (»WUU«), so das Editorial, will »weder eine Sensations-Illustrierte, noch eine Kriminal- oder Liebesroman-Sammlung« sein, sondern einfach »eine Zeitschrift, in der wir Jungen unter uns sind«.

Zweieinhalb Jahre später ist es dann auch für den Altardiener soweit, und sein heiß ersehntes Standesorgan liegt – unter dem Titel »Leuchtfeuer«[14] – in den Sakristeien bereit. Schon das erste Heft wartet mit einer Art Poster und einer leidlich spannenden Geschichte um ein explodierendes Rauchfaß auf. Eigentlich sind die ersten Hefte nicht viel mehr als übergroße Faltblätter, deren Handhabung

die kleineren Meßdiener überfordert und die größeren unnötig genervt haben dürfte. Weshalb man ab Nummer 7 auf das gängige Querformat (»Nick-Knatterton«-Format) umsteigt: Man richtet ein Lyrik-Eckchen ein, in dem sich »feine Gebete« zum Auswendiglernen verstekken, stellt, auf kleinen Wimmelbildern, Meßdienergruppen und ihre Kapläne vor und beantwortet erstmals das, was Bertolt Brecht wohl

Kinderzimmerposter aus Heft 1/1950

»Fragen eines lesenden Meßdieners« genannt hätte.[15]

Hauptattraktion des 16seitigen Blattes sind, neben Ratespielen und Preisausschreiben, die rasend spannenden Fortsetzungsgeschichten, die mit Headlines wie »Überfall in Bimmelbach«, »Der zerrissene Hosenträger« oder »Banditen, Blut und Pudding« locken und schon bald die Hälfte des Heftes füllen. Und denen sich früh kleine Bildfolgen beigesellen. Sind es 1951 noch acht, so kann man 1952 bereits zwölf Comicseiten zählen, prominent auf dem Heftrücken plaziert. Nicht lange, und der Rücken erstrahlt in den ersten Schmuckfarben. Anfangs ministrantenrockrot, treten je nach Festkreis weitere liturgische Töne hinzu.

Es mag verblüffen, daß man sich in Zeiten der Comic-Hatz – den Jahren, in denen »Tarzan«- und »Tom Prox«-Hefte, unter dem Johlen katholischer Jungscharen, feierlich den Flammen übergeben werden – eine hauseigene Comicserie leistet. Verblüffend und auch wieder nicht. Denn ohne die Gunst der Geistlichkeit, der Gottesdiener aus Belgien, Frankreich und Holland, wäre es um den europäischen Comic schlecht bestellt. Tim und Struppi traten ihre Reisen auf den Seiten einer katholischen Tageszeitung an, als Sendboten einer Kinderbeilage, und der Verleger Charles Dupuis pflegte seine »Spirou«-Hefte vor Druck-

14 Noch ohne den Zusatz »Ministrant«, der erst 1969 hinzukommt.

15 Die Rubrik, die zunächst »Briefkasten« heißt, wird später in »Der Ministrantenfunk meldet« umgetauft. Mitte der sechziger Jahre toben dort, bis weit in die siebziger Jahre hinein, wahre Leserbriefschlachten um den Vormarsch weiblicher Meßdiener.

legung seinem Beichtvater vorzulegen. Worauf dieser, ein treuherziger Jesuitenpater, den Segen über Jerry Spring und Buck Danny, Lucky Luke und die Schlümpfe sprach.

Und bei uns? In der Bubenzeitschrift »Unser Guckloch« erschien in den fünfziger Jahren – kurz vor Ende der Ära Lutz, der Maienzeit des Magazins – gerade mal eine einzige Bildgeschichte, die man als Comic ansprechen kann. Die Story um das Treiben einer Staffel Wespenstukas wies zwar eine krude Nähe zum franco-belgischen Fliegercomic auf, ließ aber Charme und Drive vermissen. An Drive und Charme gebricht es auch »Dölfken und Manni«, jenem Chorknabenstrip, der ab 1954 die Rückseiten des »Leuchtfeuers« schmückt. Mal geht es um ein schiefgeknöpftes Chorhemd, dann wieder um einen umgekippten Kerzenständer. Mal sorgen ausgeraubte Opferstöcke für Aufregung, mal gestohlene Priesterröcke. Überhaupt: die Kirchenräuber! Madonnen- und Altargeschirraub ist das vorherrschende Thema der später noch zweimal recycelten Serie;[16] ein Thema, das auch die Inhalte der ab 1958 laufenden Fotoromane bestimmt, in denen sich, auf der Fahndung nach verschwundenen Meßkoffern und Weihwasserwedeln, Sonderlinge wie Oma Finstermann und Professor Hyppodrom Knüllfuckel, ein Balduin-Bienlein-Verschnitt, unter die Schwarz- und Rotröcke mischen.

Comics und Fotoromane, Gutscheine und Giveaways: Hermann Lehmler, der das Heft – als Laie und Nicht-Ordinierter – fast im Alleingang betreut, versteht es, den Leser mit immer neuen Überraschungen (hier ein »›Leuchtfeuer‹-Würfelspiel«, dort ein »Ministrantenhoroskop«) bei der Stange zu halten. Und ihn auf ein Apostolat der besonderen Art einzuschwören: keine Nummer, in der er ihn nicht bekniet, sich auf dem Schulhof, dem Sportplatz oder in der Nachbarsakristei – dem wohl wichtigsten Rekrutierplatz – nach Neulesern umzutun.

16 Die graphisch nicht ohne Reiz ist, führt doch Ditz von Schneidewind, die schon Gerd Holms Meßdienerromane mit Deckelbildern veredelte, den zunächst noch recht schwungvollen Pinsel. Später scheint sich Unlust einzustellen, die Qualität läßt merklich nach.

Und er hat, obgleich die Auflage pausenlos steigt, allen Grund dazu. Denn die Nachmacher stehen, keine 200 Kilometer entfernt, bereits in den Startlöchern.

Vor den Toren Kölns erhebt sich, auf dem Gelände einer alten Zisterzienserabtei, Haus Altenberg, in der Wallfahrtswelt für seine Lichterprozessionen berühmt und seit Kriegsende Hauptsitz der katholischen Jugendbewegung. Hier laufen die Fäden der kirchlichen Kinder- und Jugendpublizistik zusammen. Oder besser liefen, denn der Verlag Haus Altenberg, der sich heute, im digitalen Zeitalter, als »Full-Service Agentur für christliche Multiplikatoren, Vereine, Einzelfirmen und Bistümer« versteht und neben Kalendern und Chorhemden neckische Kinderbücher wie »Überall Popos« feilbietet, hat unlängst – wir schreiben das Jahr 1956 – die Abtei verlassen und ist ins wiederaufgebaute Jugendhaus Düsseldorf übergesiedelt, den einstigen Stammsitz der Bewegung. Hier erschienen, bis zur Beschlagnahme durch die Gestapo, Knaben- und Jungmännermagazine wie »Jungwacht« und »Wacht«, »Sturmschar« und »Junge Front«,

AKTION SCHEITERHAUFEN

Die Jungschar der Stadt Bochum führte gegen schlechte Schriften und Bücher eine „Aktion Scheiterhaufen" durch. Etwa 3000 der „billigen Schmöker" konnten aus dem Verkehr gezogen und viele chern und Schriften, wir sammeln Schundhefte und wir haben den Film „Tarzan war an allem schuld", der für unsere Sache die richtige Kragenweite hat. Was könnte man mit den Schund- kamen die Gruppen mit ihren Führern aus fast allen Bochumer Pfarreien. Die ersten Schmöker wurden abgegeben. Bevor man in den eigentlichen Ausstellungsraum kam, ließ ein Plakat mit der

Aufruf zur Heftchenverbrennung: »Am Scheidewege«, Heft 10/1956

»Der Jungführer« und »Am Scheidewege«.

»Am Scheidewege«, und hier wird es Zeit für einen Blick in die Geschichte, gelangte Ostern 1949 zur Wiederauferstehung; reichlich spät, bringt man in Anschlag, daß in der französischen Zone bereits im Juni 1946 die Lizenz für eine katholische Jugendzeitschrift erteilt worden war.[17] Die britische Militärregierung schien mit Lizenzen eher zu geizen, und so hatten die ersten »Scheideweg«-Nummern noch illegal gedruckt werden müssen, um Nachforschungen zu erschweren unter wechselnden, leicht sinnverwirrenden Titeln wie »Die Ausfahrt«, »Der Knallfrosch« oder »Der Läufer«. Wobei »Der Knallfrosch«, zu Karneval heimlich an die Pfarrhäuser und Jungscharführer verteilt, heute seltener sein dürfte als die Blaue Mauritius.

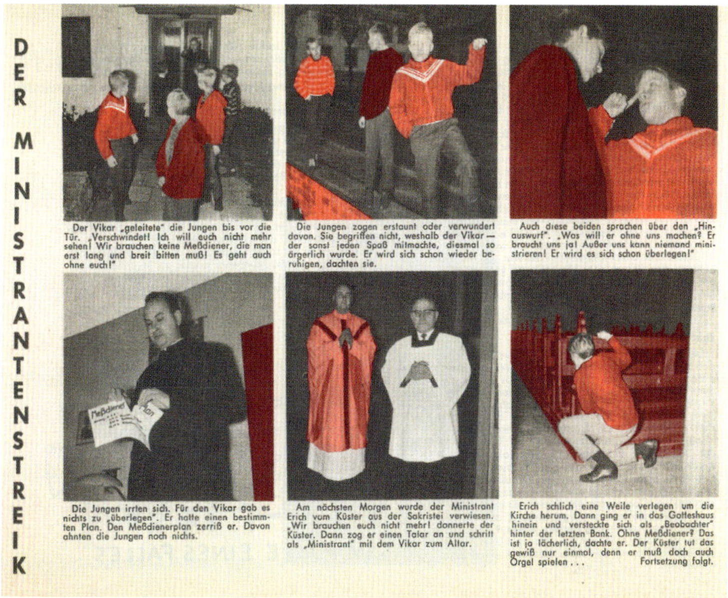
DER MINISTRANTENSTREIK

Der Vikar „geleitete“ die Jungen bis vor die Tür. „Verschwindet! Ich will euch nicht mehr sehen! Wir brauchen keine Meßdiener, die man erst lang und breit bitten muß! Es geht auch ohne euch!“

Die Jungen zogen erstaunt oder verwundert davon. Sie begriffen nicht, weshalb der Vikar — der sonst jeden Spaß mitmachte, diesmal so ärgerlich wurde. Er wird sich schon wieder beruhigen, dachten sie.

Auch diese beiden sprachen über den „Hinauswurf“. „Was will er ohne uns machen? Er braucht uns ja! Außer uns kann niemand ministrieren! Er wird es sich schon überlegen!“

Die Jungen irrten sich. Für den Vikar gab es nichts zu „überlegen“. Er hatte einen bestimmten Plan. Den Meßdienerplan zerriß er. Davon ahnten die Jungen noch nichts.

Am nächsten Morgen wurde der Ministrant Erich vom Küster aus der Sakristei verwiesen. „Wir brauchen euch nicht mehr! donnerte der Küster. Dann zog er einen Talar an und schritt als „Ministrant“ mit dem Vikar zum Altar.

Erich schlich eine Weile verlegen um die Kirche herum. Dann ging er in das Gotteshaus hinein und versteckte sich als „Beobachter“ hinter der letzten Bank. Ohne Meßdiener? Das ist ja lächerlich, dachte er. Der Küster tut das gewiß nur einmal, denn er muß doch auch Orgel spielen . . . Fortsetzung folgt.

Die Meßbuben bilden ein Streikkomitee und werden vom Pfarrer mit Aussperrung bedroht: »Leuchtfeuer«, Heft 2/1964

Doch auf Regen folgt Sonnenschein. Oder wie Detlev von Liliencron singt: »Ein Zug auf fernem Schienendamm / Kam angebraust. Wie zaubersam! / Er brachte frohe Menschen her / Und Güterspende, segenschwer.« Mitte der fünfziger Jahre hatte man, dank vieler helfender Hände, zu Düsseldorf wieder ein Dutzend Erfolgstitel im Programm. Traditionsmagazine wie »Die Wacht«, aber auch neue, zum Teil hochspezialisierte Fachorgane, darunter mit »Die bunte Kette«,[18] dem frecheren »Morgen« und der sprachlich höchst anspruchsvollen »Jungführerin« allein drei Mädchenmagazine; in der Gestaltung so fein voneinander abgestuft, daß die Konkurrenz – die »Blüte« etwa oder »Der Brunnen«[19] – nur schwer dagegen anstinken konnte. Jetzt fehlte bloß noch ein möglichst knackiges Meßdienermagazin.

Ein junger, wehrpflichtiger Mann – sagen wir, ein aufgeweckter »Soldat in der Zeit«-Leser[20] – sollte im Idealfall, so wollen es die Strategen im Jugendhaus Düsseldorf, folgende Lesekarriere durchlaufen haben: Von einem Kindergratismagazin, wahlweise »Die Sternsinger«, herausgegeben vom Päpstlichen Werk der Heiligen Kindheit in Aachen, wo er sich vor allem für die Bildergeschichten, für »Luftikus und Luftika« oder »Jumbo und Wambo« interessiert, steigt er nach der Erstkommunion auf den »Scheideweg« um, um mit dem Stimmbruch oder zur Firmung zum – ebenfalls hauseigenen – »Voran« überzuwechseln. Drei Jahre spä-

17 »Wir heißen euch hoffen«, der Zensor des leicht wolkigen, poesielastigen Unternehmens hieß Alfred Döblin.

18 Das Schwestermagazin des »Scheidewegs«, dessen Ursprung, mit Decknamen wie »Die Wundertüte«, ebenfalls in der Illegalität liegt.

19 »Der Brunnen«, gegründet 1949, geht auf die Jungmädchenorgane »Knospen« und »Der Kranz«, die »Blüte«, begründet 1950, auf die Dienstmädchengazette »Notburga« zurück.

20 »Soldaten-Ausgabe« des 1948 gegründeten Herrenmagazins »Mann in der Zeit«. »Mann in der Zeit«, herausgegeben von der Fuldaer Hauptstelle für Männerseelsorge, scheint neben »Der Feuerreiter« das meistgelesene katholische Boulevardblatt der Adenauer-Ära gewesen zu sein. Nach dem Zweiten Vatikanischen Konzil kommt es zur Zwangsvereinigung, aus »Mann in der Zeit mit Feuerreiter« wird 1968 »Weltbild«.

ter ist dann der gleichfalls in Düsseldorf beheimatete »Fährmann« an der Reihe. Ist er Mitglied des Katholischen Landvolks, wird er außerdem den »Sämann« lesen, wie er sich, dient er als Oberministrant, das gleichnamige Fachblatt, später dessen Nachfolger, den drei- bis viermal so dicken »Heiligen Dienst« halten wird. Der Wald- und Wiesenministrant hingegen greift zum – – – ja, wie heißt es denn nun eigentlich, das neue Blatt, mit dem man der Konkurrenz aus Bad Ems eine tüchtige Nase drehen will? Und das der Verlag, einer inoffiziellen Verlautbarung zufolge, als »Ergänzung und Fortsetzung des ›Oberministrant‹ nach unten« betrachtet?

Vor mir liegen rund hundert, im kostspieligen Kupfertiefdruckverfahren hergestellte Hefte. »Der Ministrant«, so lautet der Titel der neuen, mattglänzenden Monatsschrift »für Ministranten und Sängerknaben«, und was beim Blättern sogleich ins Auge sticht: Die Themen sind breit gestreut, es geht bunt und exotisch zu. »Unter wildbrüllendem Kanakensingsing zieht die Prozession durch die schwüle Tropennacht«, lese ich, leicht elektrisiert, um schon im nächsten Heft über »Die Schlange im Paramentenkoffer« zu stolpern. »Weihnachten im Kral«, verspricht der nächste, große Tatsachenbericht, offenbar Teil einer Endlosserie über Meßopfer unter heißer Sonne. Doch hoppla – was ist das? Diesen Beitrag kenne ich doch? Ich blättere fieberhaft in alten »Gucklöchern«, durchwühle meine »Leuchtfeuer«-Bestände, blättere und blättere, und plötzlich geht mir – im »Leuchtfeuer«-Jargon zu sprechen – ein Seifensieder auf. Genau! Diesen und auch den nächsten Beitrag kenne ich aus dem »Scheidewege«. Sollte das neue Heft sich als Luftnummer, als Nepp erweisen?

Was nach Mogelpackung riecht, erklärt sich nach einem Blick ins Impressum. Wie fast alle kirchlichen Kinder- und Jugendzeitschriften wird auch »Der Ministrant« von einer Ein-Mann-Redaktion betreut,[21] wobei der Schriftleiter nicht nur sein eigener Botenjunge und Anzeigenakquisiteur ist, sondern auch zwischen Druckerei und Sakristei, zwischen Fototermin und Hostienausgabe, Schlußredaktion und Kindstaufe hin- und herspringen muß.

Für Knochenjobs dieser Art braucht es robuste, lebensvolle Naturen, Männer wie Werenfried van Straaten, den berühmten »Speckpater« und Vorsteher des leicht windigen »Kirche in Not«-Pressekartells, oder Josef Wisdorf, jenen bullig gebauten, immer gutgelaunten Ministrantenkaplan, der nicht nur das neue, hochambitionierte Unternehmen für den Druck vorbereitet, sondern, inzwischen im siebten Jahr, auch den »Scheideweg« und diverse Nischenblätter redigiert.

Als es den Tausendkünstler, der nebenbei erfolgreich im Kleinschriftengewerbe tätig ist, im Zuge einer Bildungsreise in die Neue Welt, ins Reich der Wolkenkratzer, Rinderherden und »Altarboys« verschlägt, führt sein erster Gang ihn in ein unscheinbares Gotteshaus. Dort, so lesen wir in einer Exklusiv-Reportage, die 1958 die Serie »Ministranten in aller Welt« einläutet, »meldete ich mich für den nächsten Morgen zur heiligen Messe an. (…) Es war heiß

21 Mit einer in den Editorials wortreich beschworenen Geisterredaktion im Rücken. Auch Lehmlers »Leuchtfeuer« und das frühe »Guckloch« wußten solche Nebelkerzen meisterlich zu zünden.

Josef Wisdorf im Jahr 1958

wie in Afrika. Hinter uns, in der Nähe der Kommunionbank, surrten zwei Riesenpropeller wie die Flügel eines Hubschraubers. Mein Boy mußte achtgeben, daß er mit Talar und Rochett nicht in den Sog des Propellerwindes geriet, wie es mir später beim Kommunionausteilen geschah, als ich – rrrratsch! – mit der zerfetzten Albe im Propeller festhing, der mich erst nach dem Abgestelltwerden wieder freigab.«

Was Wunder, daß es den Schriftleiter nach dieser Luftreise zurück in die Seelsorge treibt. Er läßt die irdischen Ämter Ämter sein, alle presserechtliche Verantwortung fahren und setzt damit ungewollt eine Kettenreaktion in Gang. Mit Wisdorfs Demission beginnt – Fluch jener Karussellfahrt – das große Schriftleitersterben, das das noch junge Blatt bald schon an den Rand des Abgrunds führen soll.

»Wechsel auf der Lok!« heißt es zunächst noch frohgemut im Mai 1958. »Volle Fahrt voraus mit dem neuen Mann.« In Zukunft soll Kaplan Hermann »von Sankt Peter in Düsseldorf« den Laden schmeißen. Doch Hermanns Tage im Weinberg des Herrn, in dem sich neuerdings ein Gespenst, das Gespenst des Priestermangels, herumtreibt, sind gezählt, und im September 1962 obliegt es einer eilends einberufenen Notredaktion, der Leserschaft vom Hinschied des 36jährigen Meldung zu machen.

Schon in den Vorjahren hatten sich im Konkurrenzmagazin »Leuchtfeuer« die Meßdiener-Todesanzeigen auffallend gehäuft; die Wirtschaftswunderjahre scheinen auch die Jahre des großen Meßdienersterbens zu sein. Selbst in den Spezialmagazinen, den Heften für Gruppenführer und leitende Altardiener, wurde man von Schauermeldungen (»Giftmord an 16jährigem Oberministranten«) nicht verschont. Nun traf es also die Schriftleiter, denn kaum zwei Jahre später fand sich auch Hermanns Nachfolger, plötzlich und unerwartet, vor den Thron des Herrn gerufen.

Trotz der Blitze aus heiterem Himmel, noch freut man sich der steigenden Auflage. Man ergeht sich in Lyrismen (»Kannst du dir was Schön'res denken, / als das Weihrauch-

Jagdbomber jagen Ministranten

Unvergeßlich aber sind mir die Begräbnisse, bei denen einer meiner lieben Ministranten sehr leicht dieser nächste hätte werden können.

Es war in den letzten Monaten des Krieges. Furchtbar blutete die Stadt aus tausend Wunden. In Schutt und Asche waren ganze Straßen versunken. Der Tod hielt reiche und grausame Ernte. Über der Stadt dröhnten die Bombergeschwader mit ihrer tödlichen Fracht. Sie taten uns längst nichts mehr. Kaum ein Haus war noch unbeschädigt. So suchten die Piloten bessere Beute.

In diesen letzten und furchtbarsten Wochen, da Tag und Nacht die Sirenen aufheulten, waren die Jagdbomber, die Jabos, unsere schlimmsten Feinde. Sie jagten den Bauern auf dem Feld und den einzelnen Menschen, wo immer er sich blicken ließ oder in

Das große Meßdienersterben: »Der Ministrant«, Heft 3/1956

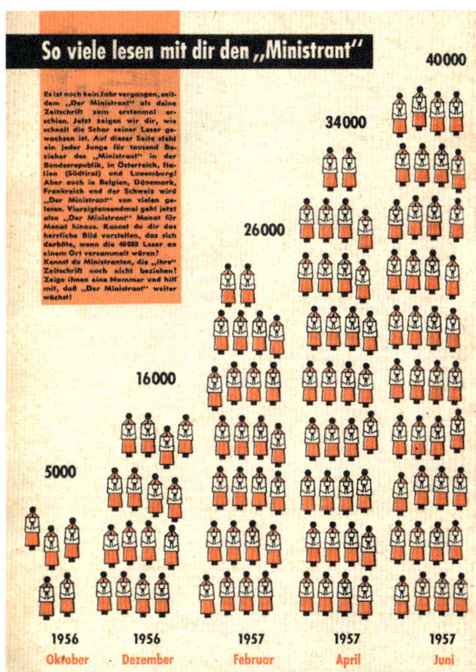

So viele lesen mit dir den „Ministrant"

Es ist noch kein Jahr vergangen, seitdem „Der Ministrant" als deine Zeitschrift zum erstenmal erschien. Jetzt zeigen wir dir, wie schnell die Schar seiner Leser gewachsen ist. Auf dieser Seite steht ein jeder Junge für tausend Bezieher des „Ministrant" in der Bundesrepublik, in Österreich, Italien (Südtirol) und Luxemburg! Aber auch in Belgien, Dänemark, Frankreich und der Schweiz wird „Der Ministrant" von vielen gelesen. Vierzigtausendmal geht jetzt also „Der Ministrant" Monat für Monat hinaus. Kannst du dir das herrliche Bild vorstellen, das sich darböte, wenn die 40000 Leser an einem Ort versammelt wären?
Kennst du Ministranten, die „ihre" Zeitschrift noch nicht beziehen? Zeige ihnen eine Nummer und hilf mit, daß „Der Ministrant" weiter wächst!

faß zu schwenken? / Ach, wie duften doch so gut / Weihrauchkörner auf der Glut. / Messingketten klingen leise, / und der Rauch zieht blaue Kreise ...«) und lockt regelmäßig mit kleinen Gimmicks. So wird den Lesern im Sommer 1960 »eine Ministranten-Grundversicherung mit einer Jahresprämie von 24 Pfennig« angedient. »Diese Ministranten-Grundversicherung schließt sowohl eine Unfall- als auch eine Haftpflichtversicherung ein«, heißt es im Kleingedruckten. »Versichert sind alle Ministrantentätigkeiten.«

Auch wenn das Ministrantenwesen boomt – im Kölner Raum gebe es Pfarreien, in denen auf 3400 Seelen 120 Meßdiener kämen –, Mitte der sechziger Jahre scheint der Markt zwei Ministrantenzeitschriften kaum mehr verkraften zu können. Man führt Sondierungsgespräche und rauft sich zusammen; aus »Ministrant« und »Leuchtfeuer« wird, wir schreiben das Jahr 1969, »Leuchtfeuer Ministrant«.

Die Zeiten sind schlimm, und noch vor Ausbruch der »Sexuellen Revolution« kommt es auf dem kirchlichen Zeitschriftensektor zu wilden Paarungen. War es bislang üblich, daß die Frauen auf der Evangelien-, die Männer auf der Epistelseite, die einen links, die andern rechts vom Mittelgang Platz zu nehmen hatten und galt diese Ordnung auch für die Medien,

»Unser neuer Beatleschnitt«: Das Scherzfoto aus dem Jahr 1965 zeigt Funktionäre der Katholischen Jungmännergemeinschaft (KJG)

so kommt es nun zu jener »Vermantschung und Nivellierung«, vor der die »Katechetischen Blätter« nur zu oft gewarnt hatten.

Im zweiten Quartal 1966 haben sich gleich sechs Buben- und Mädchenzeitschriften unrettbar ineinander verkeilt: der »Fährmann« in den »Brunnen«, der in die Jahre gekommene, fast 50jährige »Scheideweg« in die immerhin schon 15jährige »Bunte Kette«, und auch aus »Voran« und »Morgen«, beide noch grün hinter den Ohren, ist über Nacht ein Paar geworden. Die Sprößlinge, die aus diesen Verbindungen hervorgehen, tragen grelle Modenamen: Sie heißen »top«, »hallo« und »Impuls« (»Impuls«, das Kind von »Fährmann« und »Brunnen«, wird sich später in »Kontraste« umtaufen). Die kleinauflagigen und deshalb immer etwas hochmütigeren Magazine – »Der Jungführer« etwa oder sein etwas herberes Pendant »Die Jungführerin« – finden keine Partner und gehen sang- und klanglos zugrunde.

»Top« und »hallo« fallen durch ihr pfiffiges, Zeitgeistmagazinen wie »twen«, »BRAVO« oder »ok« (»ok ist okay!«) abgeluchstes Layout auf. »Das ist Pralinenhascherei statt gesunder Kost«, wettern die »Katechetischen Blätter«, und der Theologe Günter Stachel, dem die neuen Tendenzen ein Dorn im Auge sind, stichelt: »Es ist ein Fehler, wenn man meint, eine Kinderzeitschrift müsse von Jugendlichen gemacht werden. Die können das gar nicht. Den richtigen Ton für Kinder treffen nur reife Menschen.«

Tatsächlich sind inzwischen junge, moderne Menschen in die Redaktionsstuben eingezogen, man interessiert sich für Beat, Beckenbauer und Befreiungstheologie, es wer-

»Leuchtfeuer«-Pin-up, Heft 10/1967

den Autogrammkarten verlost und Kochrezepte abgedruckt. Gleich im ersten Heft, »top« 1 vom April 1966, wird ein »Herrenfrühstück à la Beatle« serviert, Rührei mit Speck und Tomaten. Wobei es »superbeatlelike« sei, so das von der Bischöflichen Hauptstelle für Jugendseelsorge verlegte Blatt, vor dem Servieren »noch eine kleine Dose Champignons hinzuzugeben«.

Kaum sind derlei Töne, die mit Beichtgeheimnis und Blasiussegen nur noch wenig zu tun haben, in den Generalvikariaten angekommen, ist es mit der neuen Freiheit auch schon wieder vorbei. Nach 12 Ausgaben fusioniert »top« mit »hallo«, »top/hallo« geht 1972 in der »NEUEN staffette« auf, in die später auch das »Neue Guckloch« eingeht. Doch auch wenn die Leserstämme sich immerzu neu vereinigen, die Auflagen sinken und sinken.

Einzig das alte Flaggschiff – das gute alte »Leuchtfeuer Ministrant« – kann sich noch bis 1985 halten, wenn auch merklich leckgeschlagen. Witzeseiten werden doppelt abgedruckt, die Seitenzählungen dem Zufall überlassen und den Lesern – in Form wirrer Ranglisten – die schönsten Operetten vorgestellt. Um das Heft zu füllen, wird nach alter Sitte Heerschau unter alten Beiträgen gehalten. So kommt 1982 ein weiteres Mal Serge Dalens' Pfadfinderroman »Der Junge im Schatten« zum Abdruck, der zuletzt in den Gründerjahren – den Jahrgängen 1950 bis '52 – zu gefallen wußte. (Der von homoerotischen Glanzlichtern durchfunkelte Roman war schon im Vorgängermagazin »Wir unter uns« gelaufen, dort aber vorzeitig abgebrochen worden.) Bei der Bebilderung – Stichwort: Pin-up – greift man immer häufiger auf Zulieferer wie Lothar Sauer zurück, einen Mitarbeiter des rechtsradikalen Komm-Mit-Verlages, dessen *Komm mit! Jugend-Taschenkalender* ich selbst noch besessen und mit Pillhühnern vollgemalt habe.

In den achtziger Jahren ist »Leuchtfeuer Ministrant« vor allem eins: eine fröhlich vor sich hinratternde Gelddruckmaschine. Noch immer liefert Hermann Lehmler, der auch nach der Fusion die Strippen fest in der Hand hält, das Magazin, mit Hilfe billiger Packhilfen, direkt an die Pfarreien und Clubhäuser aus. Ein System, das ihm schon früh eine Villa und einen kleinen Fuhrpark eingebracht haben soll. Woher ich das weiß? Das mit den Packhilfen und der Villa steht in Guido Bees Aufsatz »*Leuchtfeuer* und *Leuchtfeuer Ministrant* – Die Meßdienerzeitschriften des Tarcisius-Verlags«, der den 83. Band der Schriftenreihe *Libelli Rhenani* schmückt und so ziemlich die einzige Studie zur katholischen Heftchenkultur – oder soll man sagen: Schmuddelheftchenkultur –

Oben: Von Berthold Lutz gestaltete Titelseiten, die 1950 die sakral-psychedelische Phase einläuten.
Mitte: Unter Pseudonym verfaßte »Arena-Jugendhefte«.
Unten: Cover für die Mädchenbücher von Helga York. Hinter York verbirgt sich der Arena-Vielschreiber Josef Eschbach.

darstellt, die uns die Zeitungswissenschaft bislang vorgelegt hat.[22] Dabei handelt es sich, trotz des erzbischöflichen Auftraggebers, um eine sorgfältig recherchierte und gut lesbare Arbeit, die sich gegen Ende hin fast zu einer Art Kriminalgroteske auswächst. Wie das »Leuchtfeuer«-Imperium mit Blitz und Donner – und einer Steuerschuld von 5.347.298,32 D-Mark – über dem Selfmademan aus Bad Ems zusammenbricht, das liest sich so vergnüglich wie spannend, und nicht nur deshalb sei die Lektüre der fast hundertseitigen Studie hiermit wärmstens empfohlen.

Und damit – ein letztes Mal – zurück auf die leuchtende Straße, in das heimliche Königreich mit seinen Saugrüsseln, Kolbenfressern und Freiluftpredigten. Aus der schönsten sei zum Schluß noch einmal zitiert. Während die Buben »sich fast gleichzeitig mit ihm ins Gras« werfen, feiert der junge Priester den »Wunderbau« ihres Leibes: »wie die Schulterblätter unter der seidigen Haut des Rückens hin und her spielen und wie das Rückgrat sanft und allmählich in die gedoppelte blühende Wölbung der üppigen Gesäßbacken ausschwingt und wie das großartige Astwerk der Adern und Nerven über die Achseln hin bis in die äußersten Fingerspitzen sich verzweigt« – pardon, jetzt bin ich in den *Zauberberg* geraten, an dessen »Walpurgisnacht«-Kapitel die »Wunderbau«-Predigt erinnert.

Wie das fleißige Herz (»kaum faustgroß«) täglich 12.000 Liter Blut pumpt, wie das wakkere Auge jedes Bild naturgetreu in all seinen Farben aufnimmt, kein Über- und Unterbelichten, geschweige Verwackeln kennt (»da kann die teuerste Leica nicht dran tippen!«), wie das ausgeklügeltste Telephonnetz eine Stümperei bleibt gegen unser Nervensystem – das alles könnte ein guter Geist aus dem *Zauberberg* in *Die Leuchtende Straße* hineingezaubert haben, wären die Sätze unterwegs nicht kürzer und dabei kunstloser geworden. Auch in Sachen Namensgebung reicht der Würzburger nicht an den Lübecker heran. Was sind Emil Knatterblech, der große Rennfahrer, Prokurist Scheuerlein und Direx Kreidekloß gegen Konrad Knöterich, Lobgott Piepsam und Meta Nackedey? Gegen Doktorin Gnadebusch und all die Klöterjahns, Mindernickels und von Lichterlohs?

Ob Zauberei oder nicht, heute ist das Werk des wirkungsmächtigen Kinderbuchkaplans unhebbar versunken. Die Geschichten von Waldi, dem »Jagdhund Gottes«, die Grashüpfergedichte (»Oh weh, kleiner Reiter, zirpzirp!«), die Blütenträume der *Leuchtenden Straße*: vergriffen oder in alten »Guckloch«-Heften begraben. Keine Frechdachs-, schon gar keine Lutz-Statue schmückt den Würzburger Markplatz. Vergessen sind Mann und Werk, von den surre-

Taschenkrimi von 1953

22 Will man von einer kleinen Magisterarbeit (Jürgen Hoeren: *Die katholische Jugendpresse 1945–1970. Daten und Fakten zur Entwicklung.* Münster 1974) absehen, die vorgibt, »Bausteine zur Geschichte der katholischen Jugendzeitschriften nach dem Zweiten Weltkrieg« zusammenzutragen, aber eher durch absonderliche Schaubilder auffällt. – Bees Beitrag ist nachzulesen in: Siegfried Schmidt/Hermann-Josef Reudenbach (Hg.): *Kleinschriften – Periodica – Prachtwerk – Predigtliteratur. Vorträge auf dem Dritten Kolloquium zum Katholischen Buch- und Verlagswesen im Rheinland am 18. März 2022. Libelli Rhenani* Band 83. Erzbischöfliche Diözesan- und Dombibliothek, Köln 2022.

alen Anfängen (»Dein Gesicht gehört Dir nicht!« heißt eine frühe Meditation über das Fratzenschneiden) über neusachliche Schockdichtung (*Kreuzspinne rammt uns*, *U-Zet hat einen blinden Passagier an Bord*) bis zu den späten, abseitigen Basteltips, in denen Hirten und Kamele aus Ytong gefertigt werden, einem Stein, den man mit einem alten Löffel und etwas Sandpapier leicht bearbeiten kann. (Daß Meister Berthold auch als Buch- und Umschlaggestalter seine Meriten hat[23] und sich, unter Decknamen, als Science-fiction- und Hard-Boiled-Autor zu behaupten wußte, illustriert die vorstehende Cover-Galerie.)

In über zwanzig Aufklärungs- und Anstandsfibeln hatte der spätere Ehrenprälat, von dessen linker Brust das Bundesverdienstkreuz lachte, den Charakterpanzer gefeiert, ohne freilich das hochtrabende Wort in den Mund zu nehmen. Als sein Stern zu sinken begann, traten neue Männer auf den Plan, Männer wie Otto Muehl, die den besagten Panzer nicht hegen und pflegen, sondern knacken wollten.

Muehls Panzerknacker trugen zwar keine Larven im Gesicht, aber sie hatten es auch nicht auf Onkel Dagoberts Geldspeicher abgesehen (in puncto Haarputz orientierten sie sich am Redaktionsmaskottchen der Zeitschrift »Hörzu«). Auch die Vorträge, die Otto Muehl, zumeist mit heruntergelassener Hose, vor seinen Getreuen hielt, waren weit vom Wortwitz einer Erika Fuchs entfernt. Doch wer weiß? Vielleicht geht auch dieser Lutz-Epigone in den Schoß Gottes ein? Zu wünschen wäre es ihm, denn die von ihm erfundene »Watschenanalyse« könnte alten »Guckloch«-Heften entlehnt sein.

Was Muehl – moraltheologisch nur wenig beschlagen – nicht ahnen konnte: Sobald das Lebensschiff in den Glückshafen einfährt, geht es noch einmal richtig ab. »Gott schafft den Menschenleib neu: schöner, verklärt, fähig, eine Ewigkeit teilzunehmen an dem jauchzenden Leben der Liebe und Freude in Gott«, heißt es in »Eine Jahreszahl mit mehr als tausend Nullen«, dem anspruchvollsten Kapitel der *Leuchtenden Straße*, das einen Ausflug in die futuristische Eschatologie unternimmt.

Wie das funktioniert? »In den verklärten Leibern ist die tote Schöpfung mitverklärt. Der Stoff jauchzt auf«, malt Lutz ein leichtverständliches Bild elysäischer Dialektik. »Das Leben hat seine höchste Vollendung erfahren, weil es nun kein Sterben mehr gibt! Leben, Leben, Leben – trunken vor Freude fallen wir Gott zu Füßen: Du hast alles gut gemacht, Herr!«

---

23 Und dabei sooft zu Leimtopf und Schere greift, daß man ihn fast den John Heartfield der katholischen Kinderpublizistik nennen möchte.

Gerhard Henschel

Kraft in den Teller

Zur Entstehungsgeschichte dieses Buches

Mehr als zwanzig Jahre sind vergangen, seit ich als Reporter der »Titanic« Wenzel Storch in Hildesheim am Set seines Spielfilms *Die Reise ins Glück* besuchte und die liebevoll vergoldeten, bemalten, umflitterten oder anderweitig verzierten Ausstattungsstücke vom Sperrmüll bewunderte. Stark beeindruckte mich auch die Auskunft, daß die Amateurschauspieler Eiswürfel in den Mund nehmen müßten, um in der kalten Winterzeit keine weißen Atemwolken auszustoßen.

Nicht nur der Regisseur Wenzel Storch, sondern auch alle anderen Beteiligten kasteiten sich damals im Dienste der Filmkunst, ohne darüber ihren guten Humor zu verlieren. Es hätte allerdings auch anders kommen können, denn als gelernter und geschurigelter Meßdiener wäre Wenzel Storch eigentlich dazu prädestiniert gewesen, sein Leben lang zu leiden und zu zürnen und vielleicht sogar als Serienmörder eine vom Hochstift Hildesheim bis in die Vatikanstadt reichende Blutspur zu hinterlassen.

Das hätte aber nicht so recht zu ihm gepaßt. Er ist ein sanftmütiger Mensch, der auch als Regisseur immer nur Kunstblut vergossen hat. Mit einem Fleiß, den man obsessiv nennen kann, hat er jedoch eine einzigartige Sammlung schwiemeliger Ministrantenzeitschriften zusammengetragen und die darin abgedruckten Bubenfotos in zahlreichen Artikeln analysiert und der Nachwelt überliefert. In einer Zeit, in der viele sich fragen, ob die katholische Kirche überhaupt jemals etwas anderes war als eine kriminelle Vereinigung mit dem Ziel, sexuelle Straftaten an Kindern und Jugendlichen zu verüben, springt es aller Welt ins Auge, welchem Zweck jene Zeitschriften dienten: Sie waren – da gibt es nichts zu beschönigen – von Pädophilen für Pädophile hergestellte Masturbationsvorlagen. All die feschen, kurzbehosten, von hinten geknipsten Knaben, die sich auf Türmen vornüberbeugen, ins Badewasser hüpfen, die Morgentoilette verrichten oder sich im Sonnenschein räkeln, sind den Fotografen nicht zufällig vor die Kameralinse geraten.

In den fünfziger und sechziger Jahren des vergangenen Jahrhunderts scheint das nur den Eingeweihten aufgefallen zu sein. Die sittenstrenge Obrigkeit nahm jedenfalls keinen Anstoß daran. Heute hingegen würden die höchsten Würdenträger der katholischen Kirche dieses verräterische Bilderwerk sicherlich gern unter den Teppich kehren, doch der Sammler Wenzel Storch ist ihnen zuvorgekommen.

Als er mich 2015 fragte, ob ich Lust dazu hätte, gemeinsam mit ihm ein paar Fotoromane aus dem bildnerischen Fundus der Ministrantenzeitschriften zu komponieren, sagte ich fröhlich zu. Mein Großvater väterlicherseits war ein evangelischer Pfarrer, und auch mütterlicherseits stamme ich von Protestanten ab, aber man muß kein Ministrant gewesen sein, um bei der Herstellung katholischer Fotoromane mithelfen zu können.

Überwältigend war die Menge der kopierten Fotos, die Wenzel Storch zu unserer ersten

Arbeitssitzung mitbrachte. Sie zählten nach Hunderten. Wir schufen Ordnung, indem wir sie nach Themen sortierten: »Meßdiener«, »Meßdienermassen«, »Meßdiener mit Kerzen«, »Priester solo«, »Priester und Buben«, »Nonnen«, »Zeltlager«, »Mädels«, »Familie«, »Musik« und so weiter. Ein besonders ergiebiges Segment bildeten Aufnahmen sporttreibender Ministranten, die es den Fotografen ermöglicht hatten, sie halbnackt auf die Platte zu bannen, sei es beim Hochsprung, beim Kopfsprung, beim Rudern oder beim Bergsteigen.

Die Geschichten, die wir erzählen wollten, ergaben sich aus dem obszönen Bildmaterial fast wie von selbst. Bei uns sind es in der Regel die lasziven Ministranten, die den Schwarzröcken nachstellen, und die haben ihre liebe Not damit, der Versuchung zu widerstehen. Im allgemeinen Sinnentaumel stehen aber sowohl der Jugend als auch dem Klerus in unseren Fotoromanen nicht nur alle Prunkzitate zu Gebote, die dem Bildungsbürgertum einst teuer waren, sondern auch die zugkräftigsten Refrains und Werbeslogans von der Wandervogel- bis zur Adenauerzeit und darüber hinaus. So kommt es, daß in den Sprechblasen geflügelte Worte von Goethe, Schiller, Hölderlin, Heine, Rilke, Hofmannsthal, Adorno und Bloch mit Schlagertexten, Bibelversen, angejahrten Abzählreimen und verstaubten Sponti-Sprüchen durcheinandergeraten. Wir haben uns aus der »Mundorgel« bedient, aus Gesangbüchern, aus Grimms Märchen, aus den Donald-Duck-Übersetzungen von Erika Fuchs, aus Allen Ginsbergs Großgedicht »Howl«, aus Henry Millers erbärmlichen Schundromanen, aus dem Liedgut von Insterburg & Co., aus den Werken von Marx & Engels, aus Peter Rühmkorfs Klassiker »Über das Volksvermögen«, aus den Pippi-Langstrumpf-Filmen, aus den Traktaten des gottlob der Vergessenheit anheimgefallenen Paters Leppich und in schöner Regelmäßigkeit auch aus den verdienstvollen Büchern unseres verehrten Kollegen Günther Willen: »Niveau ist keine Hautcreme. Gepflegte Sprüche für alle Lebenslagen« (2008) und »Füße hoch, das Niveau steigt. Schlagfertige Sprüche und faule Ausreden für jede Gelegenheit« (2013).

Jeder Arbeitsschritt hat seinen eigenen Reiz gehabt: das Entwickeln des Plots, das Auswählen der passenden Bilder, das Gestalten der einzelnen Seiten und zuletzt das Brüten über den Sprech- und den Denkblasen. Wenn wir dabei zu lange auf dem Schlauch gestanden haben, bin ich zum Rauchen auf die Terrasse gegangen, während Wenzel Storch sich ein neues Bier geholt hat, und meistens sind wir danach auf den rettenden Einfall gekommen. Was um Himmels willen, um hier ein Beispiel zu nennen, sollen acht Ministranten singen oder sagen, die im Kreis sitzen, mit einem Ball in der Mitte, der den heiligen linken Nebenhoden des Kirchenvaters Eusebius darstellt? Etwas Hochgestochenes? Etwas Einsilbiges? Etwas absichtlich weit Hergeholtes? Unsere Wahl ist schließlich auf den Refrain eines Hits gefallen, den Loriot 1973 seinem Zeichentrickhund Wum in die Schnauze gelegt hatte: »Abbl dibabbl dibubbl, schnuppl dipuppl dipappl, schnappl pappl, schnuppl dipu ...«

Es ist gut, wenn man solche Allgemeinbildungsschätze im Hinterkopf hat, und noch besser, wenn es keine Mühe macht, den genauen Wortlaut zu ermitteln. Ohne den rund um die Uhr geöffneten Internet-Sesam hätten wir für die entsprechenden Recherchen mitunter Tage und Wochen gebraucht und nicht immer nur ein paar Sekunden.

Wie jedermann leicht erkennen kann, haben wir in die Fotoromane auch ein paar Bilder heidnischer Herkunft eingebaut, und gerade die sind am schwersten zu betexten gewesen. Mit welchen Worten soll man ein dramatur-

»Leuchtfeuer«-Fotoroman, Heft 10/1960

gisch und optisch perfekt passendes Foto versehen, auf dem ein nackter, nur mit einem Feigenblatt bedeckter Mann zu sehen ist, der auf einem Tisch posiert, die Muskeln spielen läßt und verdächtig dem ehemaligen »Pardon«-Redakteur und nachmaligen »Titanic«-Gründervater Peter Knorr ähnelt?

Vollkommen ratlos haben Wenzel Storch und ich uns in diesem Fall wieder einmal die Beine vertreten, von der Terrasse zu den Sternen aufgeblickt, uns eine Eingebung erhofft, den einen oder anderen Kalauer verworfen, an uns selbst gezweifelt – und auf einmal hat er sich eingestellt, der wie die Faust aufs Auge passende Spruch, den der junge Franz Beckenbauer 1967 im Auftrag eines Tütensuppenherstellers aufgesagt hatte: »Kraft in den Teller – Knorr auf den Tisch!«

Das Lustige an solchen Anspielungen wird den meisten U50ern unserer Tage wahrscheinlich verborgen bleiben. Aber da können Wenzel Storch und ich nur sagen: Pech gehabt! Denn wir Ü50er wollen ja auch was zu lachen haben. Eine kluge Erwiderung auf den Vorwurf, daß die Jugend ihm nicht so ganz folgen könne, ist dem Schriftsteller Walter Kempowski eingefallen: »Eine Frau fragte: Meine Bücher wären wohl mehr was für alte Leute? – Ich: Das sind doch auch Menschen, oder?«

Richtig. Und im übrigen kann es ja nicht schaden, sich mit der Popkultur der Eltern-, der Großeltern- und der Urgroßelterngeneration vertraut zu machen. Merke: »Auch an alten Ufern liegt noch manche ungeknackte Muschel« (Max Goldt).

Mein persönliches Lieblingsfoto ist das des zuckersüßen Koboldmakis, den wir spaßeshalber als Verkörperung der großen Hure Babylon denunziert haben. Sinnfälliger als mit diesem Bild könnte der Kontrast zwischen der unschuldigen Natur und der schmutzigen Phantasie der christlichen Apokalyptiker nicht zur Geltung gebracht werden. Man schaue nur einmal in die treuherzigen Augen des scheuen kleinen Trockennasenprimaten und vergleiche damit die sadistischen Visionen in der Offenbarung des Johannes. Wem würden Sie lieber ein Eis ausgeben – Johannes von Patmos oder dem Koboldmaki?

Nun naht der Abgabetermin, und das Thema ist leider immer noch aktuell. Das wird sich vermutlich erst ändern, wenn die katholische Kirche den Weg allen Fleisches gegangen ist und das Wort des Schriftstellers Arno Schmidt sich erfüllt: »Es wäre doch wirklich an der Zeit, die christliche Mythologie mit all ihren Göttern, Halbgöttern, Sehern, Himmeln und Höllen (und natürlich auch die rezenten Dekorationen) dahin abzustellen, wohin sie historisch und wertmäßig gehört : nämlich in die Nähe der römischen und griechischen. Etcetera. Dann wird es ruhiger werden, in und um uns.«

Bildnachweis

S. 5 Am Scheidewege 1/1955 | **6** 1 Bertram Otto/Marlies Grünberg-Otto, Das Fenster zur Welt. Verlag des Borromäus-Vereins, Bonn 1959 | 2–3 Heinrich Kunkel, Priester des Herrn. Eigenverlag des Verfassers, Würzburg 1954 | **7** 1 Unser Guckloch 3/1954 | 2 Der Ministrant 4/1966 | 3 Voran 12/1962 | 4 Pressefoto Pater Leppich, 1958 | 5 Bertram Otto, Überall bist du zu Hause. Verlag des Borromäus-Vereins, Bonn 1957 | 6 Am Scheidewege 1/1956 | **8** 1–2 Oskar Neisinger, Kirche der Freude. Echter Verlag, Würzburg 1961 | 3 Bertram Otto/Marlis Grünberg-Otto, Sie leben anders. Arena Verlag, Würzburg 1959 | 4 Pater Gypkens, Fahrt am Äquator. Verlag der Weißen Väter, Frankfurt am Main 1954 | 5 Werenfried van Straaten, Sie nennen mich Speckpater. Paulus Verlag, Recklinghausen 1961 | 6 Bertram Otto, Überall bist du zu Hause | **9** 1 Der Ministrant 4/1956 | 2 Leuchtfeuer 6/1963 | 3 Der Ministrant 8/1964 | 4 Film-Pressefoto Wolf Rilla, Das Dorf der Verdammten | 5 Bierfront. Alles, was Trinkern Spaß macht 3/1993 | 6 Oskar Neisinger, Kirche der Freude | **10** Berthold Lutz, Die leuchtende Straße. Ein Buch für Jungen vom Geheimnis des Lebens. Arena Verlag, Würzburg 1950 | **11** 1 Leuchtfeuer 5/1958 | 2 Leuchtfeuer 6/1957 | 3 Voran 7/1957 | 4–5 Unser Guckloch 18/1953 | **12** 1 Unser Guckloch 5/1959 | 2 Am Scheidewege 6/1952 | 3 Unser Guckloch 6/1955 | 4 Hermann Leon, Auf Seiner Spur. Arena Verlag, Würzburg 1958 | 5–6 Heinrich Kunkel, Priester des Herrn | **13** 1–3 Heinrich Kunkel, Priester des Herrn | 4 Bertram Otto, Die Welt aber soll erkennen. Verlag des Borromäus-Vereins, Bonn 1963 | 5 Am Scheidewege 4/1955 | **14** Voran 5/1955 | **15** 1 Voran 10/1956 | 2 Der Ministrant 7/1960 | 3 Voran 9/1957 | 4 Der Ministrant 7/1966 | 5 Der Ministrant 6/1957 | **16** 1 Leuchtfeuer 11/1958 | 2 Unser Guckloch 3/1957 | 3 Der Ministrant 7/1959 | 4 Berthold Lutz, Peter legt die Latte höher. Ein Buch für Jungen zum Größerwerden. Arena Verlag, Würzburg 1954 | 5 Leuchtfeuer 2/1964 | 6 Leuchtfeuer Ministrant 8/1977 | **17** 1 Leuchtfeuer 4/1962 | 2 Leuchtfeuer 3/1962 | 3 Voran 8/1957 | 4 Der Ministrant 9/1961 | **18** 1 Am Scheidewege 6/1963 | 2 Leuchtfeuer 7/1956 | 3 Am Scheidewege 5/1937 | 4 Wir unter uns 2/1949 | 5–6 Der Ministrant 3/1961 |**19** 1 Der Ministrant 9/1959 | 2 Der Ministrant 5/1957 | 3 Bertram Otto, Überall bist du zu Hause | 4 Der Ministrant 2/1961 | 5 Leuchtfeuer 2/1961 | 6 Leuchtfeuer 6/1953 | **20** 1 Unser Guckloch 3/1959 | 2 Leuchtfeuer 8/1957 | 3 Leuchtfeuer 4/1956 | 4 Leuchtfeuer 5/1953 | 5 Leuchtfeuer 1/1955 | 6 Leuchtfeuer 7/1961 | **21** 1 Leuchtfeuer Ministrant 12/1971 | 2 Leuchtfeuer 11/1958 | 3 Am Scheidewege 3/1936 | 4 Am Scheidewege 2/1956 | 5 Am Scheidewege 2/1936 | 6 Archiv Storch | **22** 1 Am Scheidewege 7/1950 | 2 Am Scheidewege 6/1957 | 3 Bertram Otto/Marlies Grünberg Otto, Das Fenster zur Welt | 4 Klaus Franken, Kinder in Gottes Reich. Verlag des Borromäus-Vereins, Bonn 1961 | 5 Heinrich Kunkel, Priester des Herrn | 6 Leuchtfeuer 2/1959 | **23** 1 Am Scheidewege 7–8/1964 | 2 Der Ministrant 12/1957 | 3 Am Scheidewege 11/1937 | 4 Leuchtfeuer 6/1956 | **24** Voran 3/1955 | **25** 1 Am Scheidewege 7/1954 | 2 Am Scheidewege 6/1958 | 3 Die Wacht 8/1934 | 4 Am Scheidewege 3/1959 | 5 Unser Guckloch 5/1959 | 6 Der kleine Tierfreund 4/1961 | 7 Der Ministrant 3/1963 | **26** 1 Am Scheidewege 8/1956 | 2 Am Scheidewege 7–8/1964 | 3 Voran 6/1952 | 4 Wir heißen euch hoffen 1/1946 | 5 Unser Guckloch 9/1954 | 6 Am Scheidewege 8/1960 | **27** 1 Am Scheidewege 10/1961 | 2 Am Scheidewege 3/1949 | 3 Am Scheidewege 11/1960 | 4 Leuchtfeuer 1/1952 | 5 Der kleine Tierfreund 5/1956 | 6 Am Scheidewege 4/1949 | 7 Leuchtfeuer Ministrant 11/1971 | **28** 1 Leuchtfeuer 4/1964 | 2 Der Ministrant 2/1964 | 3 Der Ministrant 5/1961 | 4 Der Ministrant 5/1961 | 5 Der Ministrant 5/1961 | 6 Der Ministrant 11/1963 | 7 Am Scheidewege 10/1937 | **29** 1 Leuchtfeuer 2/1957 | 2 Archiv Storch | 3 Der Ministrant 7–8/1963 | 4 Am Scheidewege 8/1960 | **30** 1 Der Ministrant 6/1961 | 2 Am Scheidewege 7/1953 | 3 Der kleine Tierfreund 4/1961 | 4 Voran 8/1956 | 5 Der Ministrant 7–8/1966 | 6 Unser Guckloch 12/1954 | **31** 1 Am Scheidewege 7/1958 | 2 Am Scheidewege 6/1936 | 3 Der kleine Tierfreund. Jahresbüchlein. Helios-Diemer-Verlag, Mainz 1957 | 4 Am Scheidewege 7/1958 | 5 Der Ministrant 11/1957 | 6 Am Scheidewege 8/1960 | **32** 1 Voran 9/1956 | 2 Unser Guckloch 3/1957 | 3 Leuchtfeuer 6/1955 | 4 Der Ministrant 7/1961 | 5 Am Scheidewege 3/1961 | 6 Der Ministrant 8/1959 | **33** 1 Der Ministrant 4/1963 | 2 Leuchtfeuer Ministrant 4/1974 | 3 das zeichen. Monatsschrift für marianisch-apostolische Lebensgestaltung 3/1981 | 4 Der Ministrant 5/1958 | **34** 1 Der Ministrant 2/1961 | 2 Leuchtfeuer 2/1960 | 3 Am Scheidewege 3/1955 | 4 Der Ministrant 10/1961 | 5 Am Scheidewege 5/1950 | 6 Voran 2/1957 | **35** 1 Leuchtfeuer 5/1964 | 2 Am Scheidewege 2/1953 | 3 Der Läufer 1/1949 | 4 Der Ministrant 2/1964 | 5 Remigius Chmurzynski, Dominikaner in Deutschland. Albertus-Magnus-Akademie, Walberberg/Köln 1951 | **36** 1 Der Ministrant 4/1963 | 2 Unser Guckloch 9/1960 | 3 Der Ministrant 9/1958 | 4 Bertram Otto, Überall bist du zu Hause | 5 Bertram Otto/Marlies Grünberg-Otto, Das Fenster zur Welt | **37** 1 Heinrich Kunkel, Priester des Herrn | 2 Voran 4/1951 | 3 Der Ministrant 11/1962 | 4 ok ist okay! 10/1966 | 5 Archiv Storch | 6 Heinrich Kunkel, Priester des Herrn | **38** 1–3 Oskar Neisinger, Kirche der Freude | 4 Der Ministrant 6/1958 | 5 Pater Gypkens, Fremde Menschen. Verlag der Weißen Väter, Frankfurt a. M. 1955 | 6 Archiv Storch | **39** 1 Heinrich Kunkel, Priester des Herrn | 2 Kurt Seelmann, Wie soll ich mein Kind aufklären? Ernst Klett Verlag, Stuttgart 1956 | 3 Archiv Storch | 4 Josef Stahl, Antworten auf die ersten Fragen unserer Kinder. Lahn-Verlag, Limburg 1951 | **40** 1 Heinrich Kunkel, Priester des Herrn | 2–6 Henri Daniel-Rops, Michael im Vatikan. Herold, Wien 1959 | **41** 1–2 Archiv Storch | 3 Richard Härtter, Ich werde ein Mann. Unterweisungen für Jungen in der Reifezeit. Georg Bitter Verlag, Recklinghausen 1968 | 4 Leuchtfeuer 6/1958 | 5 Am Scheidewege 4/1964 | 6 Klaus Franken, Kinder in Gottes Reich | **42** 1 Leuchtfeuer Ministrant 4/1972 | 2 Leuchtfeuer Ministrant 3/1972 | 3 Leuchtfeuer 8/1967 | 4 Archiv Storch | 5 Am Scheidewege 6/1955 | 6 Am Scheidewege 6/1949 | **43** 1 Die Wacht 7/1934 | 2 Der Ministrant 3/1956 | 3 Unser Guckloch 10/1957 | 4 Am Scheidewege 10/1937 | 5 Wir unter uns 2/1948 | 6 Am Scheidewege 7/1953 | 7 Henri Daniel-Rops, Michael im Vatikan | **44** Leuchtfeuer 12/1959 | **45** 1 Heinrich Kunkel, Priester des Herrn | 2–3 Der kleine Tierfreund 8/1961 | 4 Der kleine Tierfreund. Jahresbüchlein. Helios-Diemer-Verlag, Mainz 1956 | **46** 1 Film-Pressefoto José Ramón Larraz, La visita del vicio | 2 Der Ministrant 11/1961 | 3 Am Scheidewege 2/1955 | 4 Ministranten Kalender. Jahrbuch 1951 für Meßdiener und Sängerknaben, Franz-Sales-Verlag, Wien 1950 | 5 Am Scheidewege 4/1958 | 6 Unser Guckloch 9/1959 | **47** 1 Am Scheidewege 11/1959 | 2 Der Ministrant 7/1961 | 3 Wir unter uns 5/1948 | 4 Am Scheidewege 7/1937 | 5 Am Scheidewege 3/1953 | 6 Der Ministrant 7/1961 | **48** 1 Am Scheidewege 10/1954 | 2 Leuchtfeuer 1/1959 | 3 Der Ministrant 3/1960 | 4 Am Scheidewege 2/1950 | 5 Am Scheidewege 7/1967 | 6 Am Scheidewege 7/1966 | **49** 1 Am Scheidewege 5/1950 | 2 Hermann Skolaster, Feind aus Irrtum. Lahn-Verlag, Limburg 1948 | 3 Unser Guckloch 7/1955 | 4 Leuchtfeuer 9/1958 | 5 Am Scheidewege 2/1952 | 6 Der Ministrant 12/1958 | **50** 1 Leuchtfeuer Ministrant 11/1977 | 2 Leuchtfeuer Ministrant 2/1977 | 3 Heinrich Köppler/Oskar Neisinger, Kirche der Windrose. Echter Verlag, Würzburg 1960 | 4 Leuchtfeuer Ministrant 10/1978 | 5 Bertram Otto, Die Welt aber soll erkennen | 6 Voran 8/1952 | **51** 1 Leuchtfeuer 4/1958 | 2 Hermann Lehmler, Abenteuer um St. Antonius. Eine unheimliche Meßdiener-Geschichte. Tarcisius Verlag, Bad Ems 1957 | 3 Der Ministrant 6/1957 | 4 Leuchtfeuer Ministrant 1/1975 | **52** 1 Der Fährmann 2/1946 | 2 Am Scheidewege 5/1958 | 3 Oskar Neisinger, Kirche der Freude | 4 Der Ministrant 4/1959 | 5 Heinrich Kunkel, Priester des Herrn | 6 Unser Guckloch

10/1950 | **53** 1 Die bunte Kette 8/1956 | 2 Der Ministrant 10/1960 | 3 Heinrich Köppler/Oskar Neisinger, Kirche der Windrose | 4 Der Ministrant 10/1963 | 5 Am Scheidewege 6/1953 | 6 Am Scheidewege 6/1953 | **54** 1 Der Ministrant 2/1961 | 2 Leuchtfeuer 12/1961 | 3–4 Bertram Otto/Marlies Grünberg-Otto, Das Fenster zur Welt | **55** 1 Oskar Neisinger, Kirche der Freude | 2 Leuchtfeuer 8/1964 | 3 Archiv Storch | 4 Bertram Otto, Die Welt aber soll erkennen | 5 Bertram Otto/ Marlies Grünberg-Otto, Sie leben anders | 6 Am Scheidewege 5/1958 | **56** 1 Unser Guckloch 3/1957 | 2 Am Scheidewege 8/1955 | 3 Oskar Neisinger, Kirche der Freude | 4 Kaplan Alfred Flury, ABC für Senioren. Lebensfroh in die zweite Lebenshälfte. Albert Müller Verlag, Rüschlikon 1981 | 5 Archiv Storch | 6 Am Scheidewege 1/1961 | **57** 1 Roman Bleistein/Adolf Heuken, Jungen für Christus. Ein Buben-Buch. Pfeiffer, München 1955 | 2 Am Scheidewege 5/1957 | 3 Der Fährmann 3/1953 | 4 Der Ministrant 4/1959 | 5 Der kleine Tierfreund 4/1961 | 6 Donatus Pfannmüller, Als Ministrant zu Wasser und zu Land. Erinnerungen eines alten Meßdieners. Verlag Hermann Rauch, Wiesbaden 1931 | **58** 1 Unser Guckloch 24/1953 | 2 Voran 12/1957 | 3 Am Scheidewege 11/1954 | 4 Der Ministrant 11/1961 | 5 Bertram Otto/Marlies Grünberg-Otto, Überall bist du zu Hause | 6 Am Scheidewege 9/1959 | **59** 1 Der Fährmann 4/1948 | 2 Der Ministrant 4/196 | 3 Unser Guckloch 4/1955 | 4 Der Ministrant 10/1962 | 5 Der Ministrant 8/1958 | 6 Bertram Otto/Marlies Grünberg-Otto, Überall bist du zu Hause | **60** 1 Klaus Franken, Kinder in Gottes Reich | 2 Leuchtfeuer 11/1957 | 3 Leuchtfeuer 3/1961 | 4 Leuchtfeuer 6/1952 | 5 Am Scheidewege 8/1950 | 6 Leuchtfeuer 3/1959 | **61** 1 Der Ministrant 5/1961 | 2 Voran 6/1953 | 3 Am Scheidewege 10/1961 | 4 Am Scheidewege 11/1950 | 5 Unser Guckloch 8/1949 | 6 Leuchtfeuer 5/1958 | **62** 1 Leuchtfeuer 3/1960 | 2 Am Scheidewege 6/1956 | 3 Leuchtfeuer 3/1955 | 4 Leuchtfeuer 3/1962 | 5 Arno Schmidt Stiftung, Bargfeld | 6 Der Ministrant 2/1961 | **63** 1 Archiv Storch | 2 Saturnin Pauleser, Warum beichten? Christkönigsbund, Miltenberg 1963 | 3 rotten.com | 4 Am Scheidewege 4/1936 | 5 Leuchtturm 10/1953 | 6 Am Scheidewege 4/1956 | **64** 1 Der Ministrant 9/1961 | 2 Der Ministrant 2/1960 | 3 Oskar Neisinger, Kirche der Freude | 4 Archiv Storch | 5 Leuchtfeuer 1/1959 | 6 Der Ministrant 9/1966 | **65** 1 Der Ministrant 9/1966 | 2 Archiv Storch | 3 Der Fährmann 5/1953 | 4 Oskar Neisinger, Kirche der Freude | 5 Pater Gypkens, Aus der Luft gegriffen. Verlag der Weißen Väter, Frankfurt a. M. 1956 | 6 Bertram Otto/Marlies Grünberg-Otto, Sie leben anders | **66** 1 Am Scheidewege 5/1961 | 2 Archiv Storch | 3 Hermann Skolaster, Bruder Justus macht Ferien. Lahn-Verlag, Limburg 1952 | 4–5 Bertram Otto/Marlies Grünberg-Otto, Sie leben anders | 6 Leuchtturm 3/1953 | **67** 1 Der Ministrant 4/1965 | 2 Am Scheidewege 7/1954 | 3 Der Ministrant 7/1958 | 4 Der Fährmann 2/1953 | 5 Leuchtfeuer 2/1964 | 6 Der Ministrant 8/1957 | **68** 1 Am Scheidewege 8/1956 | 2 Klaus Franken, Speerflug. Ein Buch der Jungen. Vestische Druckerei, Recklinghausen 1939 | 3 Am Scheidewege 10/1954 | 4 Am Scheidewege 6/1954 | 5 Leuchtfeuer Ministrant 6/1972 | 6 Unser Guckloch 3/1959 | **69** 1 Unser Guckloch 20/1953 | 2 Der Ministrant 2/1956 | 3 Unser Guckloch 8/1955 | 4 Am Scheidewege 12/1937 | 5 Der Ministrant 4/1961 | **70** Leuchtfeuer 8/1963 | **71** 1 Pater Leppich erzählt und musiziert. Quadriga-Ton, Dreieich o. J. | 2 Pressefoto Pater Leppich | 3 Unser Guckloch 4/1951 | 4 Die bunte Kette 4/1949 | 5 Am Scheidewege 2/1937 | 6 Unser Guckloch 8/1951 | **72** 1 Der Fährmann 8/1948 | 2 Leuchtfeuer 4/1961 | 3 Voran 6/1951 | 4 Leuchtfeuer Ministrant 12/1971 | 5 Der Ministrant 4/1957 | 6 Heinrich Kunkel, Priester des Herrn | **73** 1–2 Pressefoto Pater Leppich | 3 Leuchtfeuer 9/1962 | 4 Klaus Franken, Kinder in Gottes Reich | 5 Rudolf Nottebohm/Hans-Jürgen Panitz, Luis Trenker. Fast ein Jahrhundert. Herbig, München 1987 | 6 Die bunte Kette 8/1956 | **74** 1 Bertram Otto, Die Welt aber soll erkennen | 2 Am Scheidewege 7/1957 | 3 Leuchtfeuer 6/1964 | 4 Am Scheidewege 11/1960 | 5 Clemente Pereira, So wird man Jesuit. Verlag Ludwig Auer, Donauwörth 1955 | 6 Günther Mees/Günter Graf, Pater Leppich spricht. Journalisten hören den »roten« Pater. Bastion Verlag, Düsseldorf 1952 | **75** 1 Leuchtfeuer 10/1967 | 2 Wir unter uns 4/1949 | 3 Leuchtfeuer 1/1955 | 4 Am Scheidewege 6/1963 | 5 Heinrich Kunkel, Priester des Herrn | 6 Archiv Storch | **76** 1 Günther Mees/Günter Graf, Pater Leppich spricht. | 2 Der Spiegel 3/1954 | 3–4 Pater Leppich, Pressefoto | 5 Der kleine Tierfreund 7/1961 | 6 Archiv Storch | **77** 1 Bertram Otto/Marlies Grünberg-Otto, Überall bist du zu Hause | 2 rotten.com | 3 Oskar Neisinger, Kirche der Freude | 4 Leuchtfeuer 9–10/1950 | 5 Der Ministrant 5/1959 | 6 Der Ministrant 4/1960 | **78** 1 Der Ministrant 10/1963 | 2 Archiv Storch | 3 Am Scheidewege 9/1955 | 4 Am Scheidewege 4/1953 | 5 Archiv Storch | 6 Günther Mees/Günter Graf, Pater Leppich spricht | **79** 1 Am Scheidewege 7–8/1961 | 2 Archiv Storch | 3 Bertram Otto, Die Welt aber soll erkennen | 4 Bertram Otto/Marlies Grünberg-Otto, Überall bist du zu Hause | 5 Archiv Storch | 6 Klaus Franken, Kinder in Gottes Reich | **80** 1 Heinrich Kunkel, Priester des Herrn | 2 Leuchtfeuer Ministrant 12/1972 | 3 Der Ministrant 4/1962 | 4 Leuchtfeuer 6/1955 | 5 Archiv Storch | 6 Unser Guckloch 6/1956 | **81** 1 Voran 8/1951 | 2–3 Archiv Storch | 4 Bertram Otto, Die Welt aber soll erkennen | 5 Arno Schmidt Stiftung, Bargfeld | 6 Klaus Franken, Jugend sieht die Zeit. Fredebeul & Koenen, Essen 1958 | **82** Leuchtfeuer 9/1963 | **83** Voran 7/1959 | **84** 1–6 Archiv Storch | **85** 1–6 Archiv Storch | **86** 1–3 Archiv Storch | 4 Leuchtfeuer Ministrant 4/1977 | 5–6 Archiv Storch | **87** 1 Leuchtfeuer Ministrant 6/1972 | 2 Archiv Storch | 3 Der Ministrant 12/1961 | 4–5 Archiv Storch | 6 Leuchtfeuer Ministrant 6/1978 | **88** 1 Leuchtfeuer Ministrant 11/1971 | 2 Leuchtfeuer Ministrant 12/1976 | 3 Archiv Storch | 4 Leuchtfeuer Ministrant 1/1977 | 5 Leuchtfeuer Ministrant 8/1975 | 6 Leuchtfeuer Ministrant 11/1976 | **89** 1 Leuchtfeuer Ministrant 10/1979 | 2 Leuchtfeuer Ministrant 5/1977 | 3 Leuchtfeuer Ministrant 7/1972 | 4 Leuchtfeuer Ministrant 4/1984 | 5 Leuchtfeuer Ministrant 10/1979 | 6 Leuchtfeuer Ministrant 6/1975 | **90** 1 Leuchtfeuer Ministrant 10/1979 | 2 Leuchtfeuer Ministrant 3/1972 | 3 Wim Sonneveld, Frater Venantius. Philips, Baarn/NL 1964 | 4 Kaplan Flury, Laß die kleinen Dinge. Philips, Baarn/NL 1965 | 5 rotten.com | Archiv Storch | **91** Wilhelm Jörn, Jungmännerfragen. Jugendbund-Buchhandlung, Berlin 1924 | **92** Leuchtfeuer Ministrant 9/1977 | **93** Constantin Film, München 1967 | **94** 1 Alt und Jung Metten 1951/52 | 2 Sakramente Quartett. Steyler Verlag, Nettetal 1989 | **95** Lahn-Verlag, Limburg 1949 | **97** 1 Unser Guckloch 7–8/1958 | 2 Arena Verlag, Würzburg 1956 | **99** Tarcisius Verlag, Bad Ems 1955 | **100** 1 Klaus Franken/Josef Wisdorf, Jungscharfibel. Haus Altenberg, Düsseldorf 1955 | 2 Arena Verlag, Würzburg 1953 | **101** Arena Verlag, Würzburg 1957 | 102 Arena Verlag, Würzburg 1952 | **103** 1 Arena Verlag, Würzburg 1954 | 2 Arena Verlag, Würzburg 1966 | **104** Arena Verlag, Würzburg 1953 | **106** 1 Erik von Kuehnelt-Leddiehn, Der gefallene Engel oder Moskau 1997. Herder, Freiburg i. Br. 1961 | 2 Hermann Dobbelstein, Porno und Hasch. Aus der Sprechstunde eines Arztes. Herder, Freiburg i. Br. 1971 | **107** BRAVO 34/2005 | **108** Unser Guckloch 1/1951 | **109** 1 Unser Guckloch 8/1949 | 2 Unser Guckloch 6/1958 | **110** 1 Unser Guckloch 1/1958 | 2 Unser Guckloch 10/1954 | **111** Leuchtfeuer Ministrant 2/1977 | **112** 1 Leuchtfeuer Ministrant 3/1977 | 2 Leuchtfeuer Ministrant 9/1977 | **113** 1 Leuchtfeuer 10/1953 | 2 Leuchtfeuer 1/1950 | **114** 1 Unser Guckloch 1/1951 | 2 Am Scheidewege 10/1956 | **115** Leuchtfeuer 2/1964 | **116** Der Ministrant 5/1958 | **117** 1 Der Ministrant 5/1958 | 2 Der Ministrant 3/1956 | 3 Der Ministrant 7/1957 | **118** top 1/1967 | 2 Am Scheidewege 4/1965 | **119** Leuchtfeuer 10/1967 | 2 Achims Verlag, Edermünde 1999 | **120** 1 Unser Guckloch 6/1950 | 2 Unser Guckloch 4/1950 | 3 Unser Guckloch 10/1950 | 4–6 Arena Verlag, Würzburg 1950 | 7 Arena Verlag, Würzburg 1953 | 8–9 Arena Verlag, Würzburg 1952 | **123** Am Scheidewege 4/1955 | **124** Leuchtfeuer 6/1959 | **125** Leuchtfeuer 10/1960.

336 Seiten, geb. Hardcover,
über 700 farbige Abbildungen, Zeichnungen und Skizzen
ISBN 978-3-927795-65-5